직업기초능력

자기개발

김종표 이복희 이영희 홍성욱

SELF-DEVELOPMENT

양 성 원

머리말

제4차 산업혁명시대가 도래함에 따라 새로운 교육패러다임이 필요하고 대학에서도 새로운 변화에 적합한 역량을 갖춘 인재양성이 중요하다.

특히, '알기만 하는 교육, 학문중심 교육에서 할 줄 아는 교육, 직무능력 중심 교육'을 통해 국가경쟁력을 제고하자는 것이다. 즉, '무엇을 아느냐' 보다는 '무엇을 할 수 있느냐'가 중요하다. 이에 공공기관 및 공기업뿐만 아니라 민간기업의 채용 방식에 있어서도 직무능력 중심 기반의 채용시스템이 도입됨에 따라 무분별한 스펙 쌓기에서 직무능력 중심의 온 스펙(on-spec) 하의 직무역량 평가로 전환되고 있다. 직업에서 요구하는 능력은 크게 직무전문능력과 직업기초능력으로 구분할 수 있다.

정부는 직무수행역량을 위해서 산업현장에서 필요한 산업부문별, 수준별로 국가직무능력표준을 개발하여 체계화하였다.

그리고 직업인들에게 공통적으로 요구되는 10가지의 직업기초능력을 선정하고 구성하였다

본서는 10가지 직업기초능력 중 '자기개발능력'에 대한 국가직무능력 표준학습모듈을 기반으로 하여 총 4부로 집필되었다. 제1부는 직업기초능력 중 직업인으로서 목표 성취를 위해 스스로를 관리하며 개발해가는 '자기개발능력'을 이해하는 총괄 단원이다. 여기서는 구체적으로 현대사회와 자기개발, 자기개발 방법과 방해요소, 자기개발수립 전략 등에 대하여 구성되었다.

제2부는 직장인과 직장생활을 하고자 하는 사람에게 필요한 자아인식을 위한 방법, 흥미와 진로, 나의 성격특성과 진로 등 일과 관련 나의 특성을 파악과 경험의 반성적 성찰로 자신을 브랜드화한 가치부여 등 '자아인식능력'에 대하여 소개하였다.

제3부는 스스로를 관리할 수 있는 '자기관리능력'에 대하여 다루었는데, 여기서는 자기관리의 목적과 단계, 자기관리를 위한 방법, 자기관리를 위한 태도 등을 구체적으로 소개하였다.

제4부는 자신의 경력목표 달성을 위해 직장을 준비하는 구직자와 직장인들에게 요구되는 '경력개발능력'에 대하여 다루었는데, 구체적으로 경력개발과 경력개발 단계, 경력개발 계획, 미래 진로를 준비하는 대학생의 경력개발과 최근 이슈 등에 대하여 소개하였다.

본서는 한국산업인력공단에서 발간한 자기개발능력 워크북의 주요 내용과 함께 산업 현장에서 요구되는 자기개발능력을 보완하여 집필하였다. 이 책이 앞으로 직업인이 될 대학생과 직장을 구하는 구직자 및 직장인들에게 요구되는 자기개발능력을 갖추는데 도움이 되기를 기대한다.

끝으로 이 책이 나오기까지 도움을 주신 많은 분들에게 감사드리며, 이 책의 출간에 관심과 애정을 주신 양성원 강철원 사장님과 관계자 여러분께 감사드린다.

2020년 2월

저자 일동

활용안내

개요

자기개발능력은 직업인들에게 공통적으로 요구되는 NCS 직업기초능력 중의 하나로 직업인으로서 자신의 능력, 적성, 특성 등의 객관적 이해를 기초로 자기발전목표를 스스로 수립하고 자기관리를 통하여 성취해 나가는 능력을 의미한다. 이러한 자기개발능력은 직업인으로서 자신의 흥미, 적성, 특성 등의 이해에 기초하여 자기정체감을 형성하는 자아인식능력, 자신의 행동 및 업무수행을 통제하고 관리하며 합리적이고 균형적으로 조정하는 자기관리능력, 자신의 진로에 대한 단계적 목표를 설정하고, 목표성취에 필요한 역량을 개발해 나가는 경력개발능력으로 구성된다.

이 교재는 모든 직업인에게 공통적으로 요구되는 자기개발능력 수준을 학습자 스스로 진단하고 그 능력을 향상시키기 위하여 자기 주도적이면서 체험 중심으로 학습하는 것을 목적으로 집필되었다.

구성

자기개발능력 교재는 크게 활용안내, 사전평가, 학습모듈, 사후평가, 참고자료 등으로 구성되어 있다.

활용안내는 교재의 전체적인 개요와 구성을 설명하고, 학습자에게 교재의 효과적인 활용방법 및 학습방법을 안내하는 역할을 한다. 사전평가는 학습자가 학습모듈을 학습하기 전에 현재의 자기개발능력 수준을 진단하고, 학습자에게 필요한 학습활동을 안내하는 역할을 한다.

학습모듈은 자기개발능력에 대한 학습모듈(PART I)과 자기개발능력의 하위능력에 대한 학습모듈(PART II, PART III, PART IV)로 구성되어 있다. 'PART I 학습모듈'은 자기개발능력을 향상시키기 위한 학습 내용이다. 'PART II 학습모듈'은 자아인식능력, 'PART III 학습모듈'은 자기관리능력, 그리고 'PART IV 학습모듈'은 경력개발능력을 학습하기 위한 것이다.

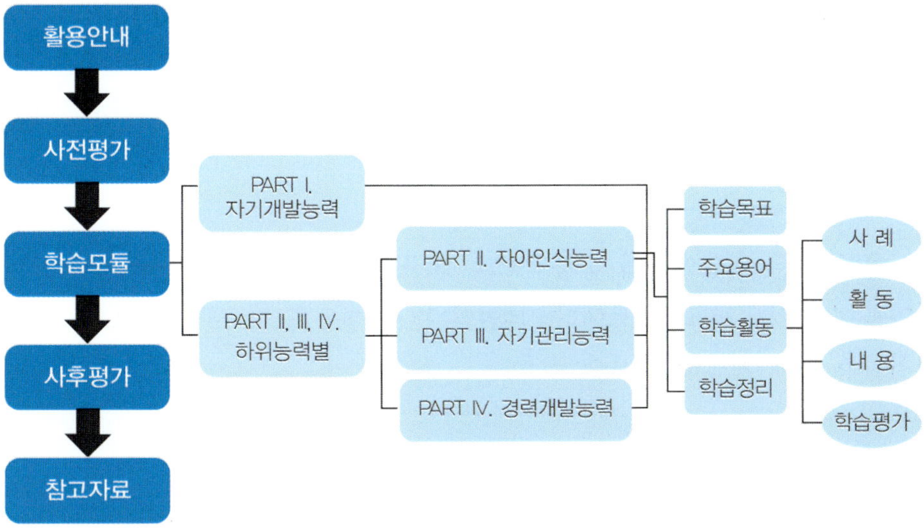

각 학습모듈은 학습목표, 주요용어, 미리보기 학습활동, 학습 내용 요약으로 구성되어 있다. 학습목표에는 각 학습모듈의 일반 목표와 세부 목표가 제시되어 있으며, 주요용어에는 각 학습모듈에 사용되는 중요한 용어(keyword)가 제시되어 있다. 미리보기는 학습모듈의 내용이 간략하게 먼저 제시되어 있다.

각 학습활동은 지시문, 사례, 활동, 내용, 학습평가로 구성되어 있다. 사례에는 직업생활 중 해당 학습활동과 관련된 다양한 사례가 제시되어 있고, 활동에는 학습자 스스로 생각해보고 자신의 의견을 정리해볼 수 있는 활동들이 제시되어 있다. 내용에는 해당 학습활동과 관련이 있는 관계지식 및 내용이 제시되어 있으며, 학습평가에는 해당 학습활동의 성취 수준을 파악할 수 있는 문항들이 제시되어 있다. 학습 내용 요약에는 각 학습모듈의 주요 내용이 정리되어 제시되어 있다.

사후평가에는 모든 학습모듈에 대한 학습을 마친 후 학습자들이 성취 수준을 평가하고, 부족한 부분을 피드백 받을 수 있도록 하기 위한 체크리스트가 제시되어 있다. 마지막으로 참고자료에는 학습자들의 학습에 도움을 줄 수 있는 참고도서 및 인터넷 사이트가 제시되어 있으며, 학습자가 자기 주도적으로 학습할 수 있도록 각 모듈의 학습평가에 대한 정답 및 해설이 제시되어 있다.

사전평가

체크리스트

다음은 모든 직업인에게 공통적으로 요구되는 자기개발능력 수준을 스스로 알아볼 수 있는 체크리스트이다. 본인의 평소 행동을 잘 생각해 보고, 행동과 일치하는 것에 체크해 보시오.

문항	그렇지 않은 편이다.	그저 그렇다.	그런 편이다.
1. 나는 자기개발이 무엇인지 설명할 수 있다.	1	2	3
2. 나는 직업인의 자기개발이 왜 필요한지를 설명할 수 있다.	1	2	3
3. 나는 자기개발이 어떻게 이루어지는가를 이해하고, 자신을 관리하며, 경력을 개발하는 과정을 설명할 수 있다.	1	2	3
4. 나는 자기개발을 방해하는 요인에 대하여 설명할 수 있다.	1	2	3
5. 나는 나에게 적합한 자기개발 계획을 수립할 수 있다.	1	2	3
6. 나는 나를 브랜드화하기 위한 전략을 수립할 수 있다.	1	2	3
7. 나는 자아인식이 왜 중요한지에 대하여 설명할 수 있다.	1	2	3
8. 나는 나를 알아가는 여러 가지 방법들을 설명할 수 있다.	1	2	3
9. 나는 직업인으로서 나의 장단점, 흥미, 적성 등을 설명할 수 있다.	1	2	3
10. 나는 자아인식에서 자기성찰이 왜 중요한지를 설명할 수 있다.	1	2	3
11. 나는 직업인으로서 나의 발전목표를 스스로 수립할 수 있다.	1	2	3
12. 나는 나의 내면(인내심, 긍정적인 마음)을 관리할 수 있다.	1	2	3
13. 나는 여러 가지 방법을 활용하여 나의 업무수행 성과를 높일 수 있다.	1	2	3
14. 나는 합리적인 의사결정과정에 따라 의사결정을 할 수 있다.	1	2	3
15. 나는 경력개발이 무엇인지 설명할 수 있다.	1	2	3
16. 나는 일반적인 경력단계가 어떻게 이루어지는지 설명할 수 있다.	1	2	3
17. 나는 나의 경력개발단계에 따라 계획을 수립할 수 있다.	1	2	3
18. 나는 경력개발과 관련된 최근의 이슈가 무엇인지 설명할 수 있다.	1	2	3

평가방법

체크리스트의 문항별로 자신이 체크한 결과를 아래 표를 이용하여 해당하는 개수를 적어보자.

문항	수준	개수	학습모듈	교재 page
1~6번	그렇지 않은 편이다.	( )개	PART 1. 자기개발능력	pp.17-63
	그저 그렇다.	( )개		
	그런 편이다.	( )개		
7~10번	그렇지 않은 편이다.	( )개	PART I1. 자아인식능력	pp.67-105
	그저 그렇다.	( )개		
	그런 편이다.	( )개		
11~14번	그렇지 않은 편이다.	( )개	PART II1. 자기관리능력	pp.109-158
	그저 그렇다.	( )개		
	그런 편이다.	( )개		
15~18번	그렇지 않은 편이다.	( )개	PART 1V. 경력개발능력	pp.161-201
	그저 그렇다.	( )개		
	그런 편이다.	( )개		

평가결과

진단방법에 따라 자신의 수준을 진단한 후, 한 문항이라도 '그렇지 않은 편이다'가 나오면 그 부분이 부족한 것이기 때문에, 제시된 학습 내용과 교재 page를 참조하여 해당하는 학습 내용을 학습하시오.

출처 : 국가직무능력표준(www.ncs.go.kr)

차례

PART Ⅰ
자기개발능력

PART II
자아인식능력

PART III
자기관리능력

PART IV
경력개발능력

PART I

자기개발능력

Chapter

01

현대사회와 자기개발

학습목표

1. 현대사회에서 자기개발의 필요성에 대하여 설명할 수 있다.
2. 자기개발의 목적에 대하여 말할 수 있다.
3. 자기개발의 특징에 대하여 설명할 수 있다.

주요용어

자기개발　　자기개발 목적　　자기개발 특징
자기개발 관련 인식

미리보기

자기개발능력은 직업인으로서 자신의 능력, 적성, 특성 등을 이해하고 목표성취를 위해 스스로를 관리하며 개발해가는 능력이다. 직업인을 둘러싸고 있는 환경은 끊임없이 변하고 그 속도도 빨라지고 있다.

지식의 생성주기 역시도 짧아지고 있어 우리에게 자기개발을 요구하고 있다. 따라서 이 장에서는 현대에 자기개발이 필요한 이유와 자기개발의 목적 및 자기개발의 특징에 대하여 이야기한다.

제1절 자기개발의 필요성

자기개발(SD, Self-Development)이란 자기의 책임하에 자기의 이해와 평가에 의해서 성장·향상 의욕을 갖고 자주적으로 이에 대한 노력을 하는 것, 즉 자기개발이란 자기개발의 의욕을 갖고 자기훈련을 하는 것(이원우, 신인사관리론, 2001)을 말한다. NCS 직업기초능력에서 자기개발능력은 직업인으로서 자신의 능력, 흥미, 적성, 강점과 약점 등의 이해를 바탕으로 자기 발전을 위한 목표를 스스로 수립하고 자기관리를 통하여 성취해나가는 능력(교육부, 2014)으로 정의하고 있다.

자기개발이란 용어는 20세기 후반에 들어와서 사용하기 시작하였으며 지식의 생성주기도 짧아지면서 능력이 곧 경쟁력이 되는 사회가 되었다. 그 속에서 자신을 꾸준히 개발하여 가치를 높여야만 성장할 수 있다. 자기개발을 위한 셀프리더십, 자기경영, 처세술 등 성공을 위한 동기부여 서적들이 쏟아지는 이유도 이 때문이다. 그 만큼 자기개발을 하지 않으면 직장에서 사회에서 경쟁력에 밀리고 낙오되기 십상이다. 즉, 자기개발이란 업무에 적합한 지식, 역량, 기술, 태도를 향상시키기 위한 것으로 한국직업능력개발원에서는 자기개발능력을 필수 직업기초능력으로 규정하였다. 이것을 바탕으로 2014년 교육부에서 "NCS 직업기초능력에서 자기개발능력을 직업인으로서 자신의 능력, 적성, 특성 등의 이해를 기초로 자기 발전목표를 스스로 수립하고 자기관리를 통하여 성취해나가는 능력을 의미한다."로 최종적으로 정의하였다.

1. 변화와 자기개발

자기개발의 필요성을 이해하기 전에 먼저 변화의 필요성을 인식할 필요가 있다. 사람들은 관성의 법칙에 따라 현재 하고 있는 일을 지속적으로 하길 원하며, 새로운 변화에 의해 자신이 안주하고 있는 환경이나 상태가 불안정해지는 것을 원치 않는 경우가 많다. 그러나 변화는 삶의 과정이며, 삶에서 성공할 수 있는 방법은 상황에 맞게 성장, 변화하는 것이다. 변화는 낡은 습관을 버리고 끊임없이 새롭고 좋은 습관으로 바꾸는 것이다.

자기개발의 필요성은 다음과 같이 6가지로 설명할 수 있다.

첫째, 직장생활에서의 자기개발은 효과적으로 업무를 처리하기 위하여, 즉 업무의 성과를 향상시키기 위하여 이루어진다. 다음 그림과 같이 자기개발을 통하여 동일한 업무의 목표에 대하여 높은 성과를 가져올 수 있다.

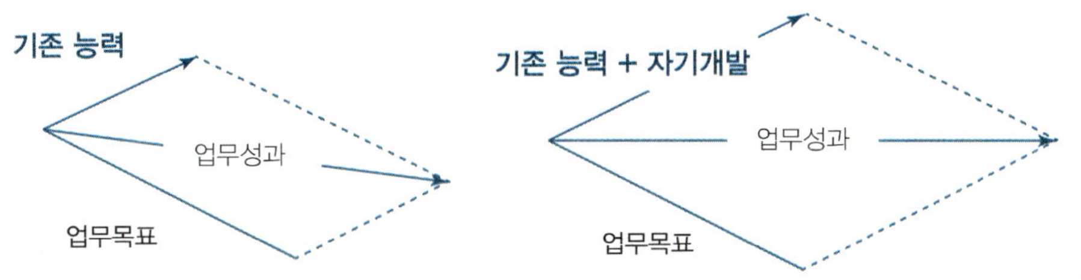

둘째, 변화하는 환경에 적응하기 위해서 자기개발이 이루어진다. 우리를 둘러싸고 있는 환경은 끊임없이 변화하고 있으며, 그 변화의 속도는 점점 빨라지고 있다. 우리가 가지고 있는 지식이나 기술이 과거의 것이 되지 않도록 환경 변화에 따라 지속적인 자기개발의 노력이 요구된다.

셋째, 자기개발은 주변 사람들과 긍정적인 인간관계를 형성하기 위해서도 필요하다. 어떤 사람들은 자기관리 자체가 긍정적인 인간관계를 형성하는 기초가 된다고 말한다. 자기개발에 있어서 자기관리는 매우 중요한 요소이며, 자신의 내면을 관리하고, 자신의 시간을 관리하며, 자신의 생산성을 관리하는 등의 좋은 인간관계의 형성과 유지의 기반이 되기도 한다.

넷째, 자기개발은 자신이 달성하고자 하는 목표를 성취하기 위해서 해야 한다. 자기개발을 하기 위해서는 자신의 비전을 발견하고 장단기목표를 설정하여 성취해야 한다. 이와 같이 자기개발은 자신의 목표를 발견하고 성취하도록 도와준다.

다섯째, 개인적으로 보람된 삶을 살기 위해서 자기개발을 한다. 자기개발을 하게 되면 자신감을 얻게 되고, 삶의 질이 향상되어 보다 보람된 삶을 살 수 있다.

여섯째, 인간은 성장하고자 하는 욕구가 있다. 인본주의 심리학자 매슬로는 인간에게는 5가지 욕구가 있는데, 이 5가지 욕구는 누구에게는 있고 누구에게는 없는 것이 아니라 누구에게나 있는 것이다. 5가지의 욕구 중 성장에 대한 욕구가 있는데, 이 성장에 대한 욕구를 충족하고 채워가는 방법 중의 하나가 학습 자기개발인 것이다. 자기개발을 통하여 인간은 성장하고 욕구를 채워가는 것이다. 그러므로 자기를 개발하는 것은 인간의 본능 중의 하나이다.

2. 자기개발 관련 인식

- 시장조사전문기업 마크로밀 엠브레인의 트렌드모니터가 전국 19~59세 직장인 남녀 1,000명을 대상으로 자기개발과 관련한 설문조사를 실시한 결과, 직장인 10명 중 8명(81.1%)이 자기개발에 관심을 가지고 있으며 성별, 연령에 관계없이 자기개발에 높은 관심을 보였다. 특히, 젊은 직장인일수록 자기개발을 하겠다는 다짐(20대 90.4%, 30대 89.6%, 40대 88.4%, 50대 85.6%)이 강하였다. 83.6%는 자기개발은 자신을 더 좋은 상품으로 만드는 것, 60.8%는 자기개발을 하지 않는 사람들은 경쟁력이 없다라고 강조했다(Trend Monitor-2015 자기개발 관련 인식조사).
- 직장인교육 전문기업 휴넷(대표 조영탁)이 CEO 및 임직원 429명에게 '리더의 자기개발법'을 주제로 설문한 결과, 80.2%가 "현재 자기개발을 하고 있다"고 답했다.

  관심 있는 자기개발 분야는 '리더십'이 27.0%로 1위를, '경영'이 22.1%로 2위를 차지했다. 이어 '인문' 15.4%, '어학' 10.5%, '직무역량' 10.5% 이외에 '비즈니스스킬' 8.4%, '자격증' 2.9%, '취미' 2.3% 순이었다.

  반대로 후배들에게 추천하고 싶은 자기개발 분야는 '리더십'과 '직무역량'이 각각 22.8%로 가장 많았으며 '어학(22.4%)'이 근소한 차이로 뒤를 이었다. 이는 리더들이 후배들에게 현업에 바로 적용할 수 있는 직무역량과 어학 스킬을 원하고 있는 것으로 해석된다. 그 외에 '인문' 12.4%, '비즈니스스킬' 8.4%, '경영' 7.5%, '자격증' 2.1% 순이었다(머니투데이, 2014. 12. 16).

- 자기개발 관련 인식조사에서 보듯이 직장인 10명 중 8명(81.1%)이 자기개발에 관심을 가지고 있으며, 특히 젊은 직장인일수록 자기개발을 하겠다는 다짐이 평균 90%로 강하였다.

사례연구 1

데미안

헤르만 헤세의 소설〈데미안〉은 '에밀싱클레어의 청년시절 이야기'라는 부제로 1919년에 초판이 나왔다. 가장 유명한 성장소설 중 하나인 〈데미안〉은 성장의 과정이란 누구에게나 아프고 괴롭다는 것을 보편적으로 인식하게 만든 소설이다. 1차 세계대전에서 중상을 입은 청년 싱클레어의 수기형식으로 되어 있는데, 그가 연상친구인 데미안의 인도를 받아 방황에서 벗어나 '이 세상의 인간에게는 자기 자신이 인도하는 길을 가는 것보다 어려운 일은 없다.'라는 사실을 깨닫고 오로지 내면의 길을 파고드는 과정을 주 내용으로 하고 있다. 작가는 〈데미안〉에서 ' 인간이란 누구나 그 자신일 뿐 아니라 오직 단 한 번의 아주 특별한 존재이다. 그리고 이는 단 한 번뿐이며 결코 되풀이되지 않는 유일하고도 경이로운 존재인 것이다. ... 모든 인간은 어떻게든 살아서 자연의 의지를 실현시키는 한 누구나 경이로운 존재이며 주목할 만한 가치가 있는 것이다."라고 말한다.
"태어난다는 것은 언제나 어려운 일이지요. 새도 알에서 나오기 위해서는 온 힘을 다해 애써야 한다는 걸 당신도 알잖아요. 돌이켜 생각해보고 자신에게 한 번 물어보세요. 대체 그 길이 그렇게도 어려웠던가, 그저 어렵기만 했었던가, 그러나 역시 아름답지 않았던가 하고 말이에요. 당신은 더 아름답고 쉬운 길을 알고 있었던가요?"

1. 유일하고 특별한 존재인 나 자신의 존재인식과 '나를 찾아간다'라는 의미를 이야기해 보자.

2. 알을 깨고 나와야 새가 될 수 있다.'라는 것을 자기개발의 관점에서 이야기해보자.

사례연구 2

1만 시간의 법칙

말콤 글래드웰은 〈아웃라이어〉에서 어떤 분야의 전문가가 되기 위해서는 최소한 1만 시간 정도의 훈련이 필요하다는 법칙을 말했다. 1만 시간은 매일 3시간씩 훈련할 경우 약 10년, 하루 10시간씩 투자할 경우 3년이 걸린다. 세계적인 바이올린 연주자와 아마추어 연주자 간 실력차이는 대부분 연주 시간에서 비롯된 것이며 우수한 집단은 연습시간이 1만 시간 이상이었다. 모차르트는 5살부터 작곡을 시작해서 30여 년간 작곡을 했다. 김연아도 5살부터 스케이팅을 타기 시작해서 20년간의 연습을 통해 '빙상의 여왕'이 됐다. 환상적인 연기로 금메달을 따낸 김연아 선수의 발은 굳은살과 상처로 가득했다. 이 아름답고 숭고한 성공 뒤에는 오랜시간 자신의 목표를 달성하기 위해 견뎌온 고통과 인내의 시간이었다. 1만 시간 얼마나 긴 시간일까? 쉼없이 달려 416일과 16시간을 보내야 나오는 시간, 하루 두 시간씩 투자했을 때 14년, 하루 한 시간씩은 27년이 조금 넘는다. 하루 10시간씩 투자하는 경우에 3년이 걸린다. 어떤 분야에서 성공에 필요한 전문성을 얻기 위해 최소한의 연습시간을 확보하는 것이 중요하다는 사실은 수많은 연구를 통해 확인되고 있다. 다양한 분야의 연구자들은 진정한 전문가가 되기 위해 필요한 매직 넘버가 1만 시간이라는 이론에 수긍하고 있다.

1. 위의 사례는 자기개발의 필요성에서 어느 부분에 대하여 이야기하고 있는가?

2. 위의 사례를 읽어보고 자신이 느낀 점에 대하여 이야기해보자.

활 동

본인의 환경에 대한 변화에 대해서 생각하고, 어떻게 적응할 것인가에 대하여 다음 양식에 적어보자.

1. 나에게 닥친 변화에는 어떠한 것이 있을까?
2. 변화에 대응하기 위해 나는 어떠한 노력을 하고 있는지 작성해보자.
3. 다가올 미래의 변화에는 어떤 것이 있을지에 대하여 작성해보자.
4. 미래의 변화에 대비해 어떠한 준비를 할 것인지에 대하여 작성해보자.

제2절 자기개발의 목적

인간은 관성의 법칙에 의해 현실에 안주하고 싶은 특징이 있다. 그러나 성공적인 직장생활을 위해서 스스로 자기개발의 필요성을 인식하고 성취목표를 세우며 실천해 나가야 한다. 자기개발의 목적은 개인적인 목적, 사회적인 목적이 있다고 볼 수 있는데, 자기개발의 목적을 구체적으로 기술하면 다음과 같다.

1. 효과적인 업무의 성과 향상

직장생활에서의 자기개발은 주어진 업무에 대한 효과적인 처리를 위한 것이다.

업무에 대한 지식과 능력은 빠른 시간에 더 많은 성과를 가져올 수 있다.

두 명의 여직원이 있었다. 두 여직원은 입사동기이며 나이도 같았다. 한 여직원은 늘 하루 종일 바쁘게 일하고 퇴근시간이 1시간은 지나야 퇴근을 한다. 회사 일을 너무 열심히 한다고 생각이 되었고 늘 칭찬을 아끼지 않았다. 다른 한 여직원은 퇴근시간 6시가 되면 바로 일어나 퇴근을 하였다. 왠지 좀 열심히 일하지 않는 것 같았고 좋게 보이지 않았다. 그러나 상황을 더 자세히 보니 늘 남아서 일한 여직원은 자신의 업무능력이 부족하여 남들보다 일처리가 더디어 퇴근시간이 지나서도 일을 해야 했다. 퇴근시간 '땡'하면 일어났던 여직원은 얄미웠지만 자신에게 주어진 일은 이미 마무리를 하였고 퇴근시간 이후에 개인적으로 학원을 다니며 업무에 필요한 공부를 하고 있었던 것이다. 업무의 효율성은 짧은 시간에 더 많은 성과를 내는 것이다.

2. 급변하는 환경에 대한 적응

변화의 속도는 점점 빨라지고 있기 때문에 환경에 적응하기 위해서는 끊임없는 자기개발이 필수적이다. 위의 사례에서 늘 늦게까지 남아서 일을 해야 했던 여직원은 경영지원부서에서 경리사무 업무를 담당하였는데, 회계사무소와 연관

해서 회사에서는 수기로 작업을 하였다. 그러나 업무 효율이 오르지 않아서 회계프로그램 ERP를 적용하기로 하였고, 그 여직원은 배우려고 노력하지 않아 결국 적응하지 못하여 퇴사하게 되었다. 급변하는 사회와 과학의 발달로 우리의 업무환경도 늘 변화한다. 그 변화를 미리 준비하기 위해 자기개발을 한다면 성공적인 직업인이 될 것이다.

3. 긍정적인 인간관계 형성

자기개발은 주변 사람들과 긍정적인 인간관계 형성을 위해서도 필요하다. 자신의 내면과 시간을 관리하고 생산성을 위해 노력하는 모습은 주변 사람들로부터 좋은 이미지로 형성된다.

편저자가 아는 한 지인은 지금까지 직장생활을 하면서, 강의를 하고, 사업을 하면서 그리고 사업에 실패했을 때도 늘 사람들로부터 '대단하다'라는 소리를 들어왔다. 그것은 그는 늘 자기개발에 힘을 썼기 때문이다. 직장생활에서도 부족한 부분을 위해서 자투리 시간을 내고 주말을 반납하면서 배우러 다녔다. 사업을 하고 강의를 하던 중에도 필요한 자격증을 취득하기 위해 시간을 쪼개어 활용했다. 사업에 실패하여 힘든 시기에도 학교 수업에 빠지지 않고 참석하는 등 늘 배움의 연속이었다. 주변 사람들은 그런 그에게 동기부여를 받으며 용기를 얻는다고 한다. 자기개발은 주변 사람들에게 긍정적인 영향을 미친다.

4. 달성하고자 하는 목표성취

자기개발을 위해서 먼저 자신의 비전을 설정하고 장단기목표를 세워서 성취해야 한다.

자기개발은 자신의 흥미와 적성, 강점과 약점, 좋아하는 일과 잘 하는 일, 하고 싶은 일 등 자기인식에서 출발하고 성취해야 할 목표가 있어야 한다. 목표는 내가 나아가야 할 방향이며 그 방향으로 가기 위해선 장기, 중기, 단기별로 세부적으로 목표를 수립해야 한다. 오늘의 계획을 성취함으로써 일주일, 한 달,

일 년, 10년 후까지 목표를 달성할 수 있게 된다. 중간에 힘든 상황이 와도 내가 행동해야 할 기준이 서 있다면 성공확률이 높아진다.

5. 보람된 삶을 추구

자기개발을 통해 자신감을 얻게 되고 삶의 질이 향상되어 의미있고 보람된 삶을 살 수 있다.

자신감은 자기 스스로 잘 할 수 있다는 마음으로 자기개발을 통해 업무에 임했을 때 능률이 오르고 앞으로도 계속 잘 할 수 있을 것이란 자신감으로 늘 당당하다. 자신감을 가지고 업무에 최선을 다하고 좋은 성과를 올린다면 그에 따른 보상도 주어지기 마련이며 삶의 질도 향상된다.

제3절 자기개발의 특징

자기개발의 특징과 과제는 다음과 같다.

1. 자기개발의 주체는 자신이며 자신에게 맞는 방법을 개발하여야 한다.
   자기개발은 자기주도적인 학습방법으로 독립성과 자율성을 가진다. 새로운 정보와 지식을 습득하여 변화에 적응하고 업무수행을 개선하기 위해서 자신의 능력, 적성, 특성 등을 이해하고 목표성취를 위해 자기 주도적으로 계획하고 실천하는 것이다.

2. 직무와 관련된 능력개발이며 조직발전에 기여하여야 한다.
   NCS에서의 자기개발은 개인이나 조직의 경험을 바탕으로 한 직장생활에서의 업무를 수행하면서 이루어진다. 개인의 능력은 조직에 적용하고 지식을 체계적으로 조직에 전이할 수 있어야 한다. 결국 조직의 발전에 기여하고자 하는 것이다. 일과 관련하여 자신의 능력을 발휘하고 인정받고자 하는 것이다. 즉, 일차적으로는 조직과 업무에 관련 있는 것을 해야 한다.

3. 자기개발은 조직원 모두가 해당되며 평생 동안 이루어지는 과정이다.
   NCS에서의 자기개발은 전사적으로 요구되며 요람에서 무덤까지란 평생교육의 의미처럼 직장생활을 하면서 끊임없이 변화하는 환경에 적응하기 위해선 지속적인 학습을 해야 한다. 그리고 자기개발은 특정한 사람, 특정한 직무에만 해당되는 일이 아니고, 효과적으로 업무를 수행하고 급변하는 환경에 적응하기 위해서는 직업인이라면 누구나 자기개발에 참여해야 한다.

학습평가

01 다음은 자기개발과 자기개발능력에 대한 설명이다. (A), (B), (C)에 각각 들어갈 적절한 용어를 적어보자.

> 자기개발은 자신의 능력, 적성 및 특성 등에 있어서 (A)과 (B)을 찾고 확인하여 (A)을 강화시키고, (B)을 관리하여 성장을 위한 기회로 활용하는 것이며, 직업기초능력으로서 자기개발능력은 직업인으로서 자신의 능력, 적성, 특성 등을 이해하고 (C)를 위해 스스로를 관리하며 개발해나가는 능력이다.

(A) = ____________

(B) = ____________

(C) = ____________

02 다음은 자기개발의 특징에 대한 설명이다. 이와 관련하여 괄호 안에 맞으면 ○를, 틀리면 ×를 표시해보자.

- 사람들은 모두 자기개발에 있어서 지향하는 바가 비슷하다. (　　)
- 자기개발은 일시적으로 이루어지는 과정이다. (　　)
- 자기개발은 일과 관련하여 이루어지는 활동이다. (　　)
- 자기개발은 생활 가운데 이루어져야 한다. (　　)
- 자기개발은 승진이나 이직을 원하는 사람만 하는 것이다. (　　)

03 직장생활에서의 자기개발은 효과적으로 업무를 처리하기 위하여, 즉 업무의 (A)를 향상시키기 위하여 이루어진다. (A)는 무엇인가?

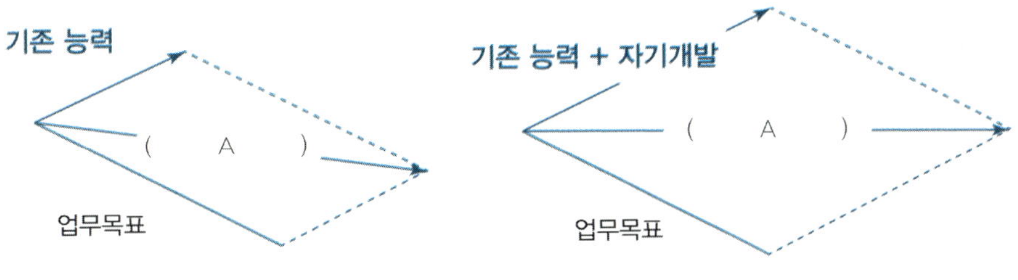

학습 내용 요약

1. 현대에서 자기개발이 필요한 이유는 변화하는 환경에 적응하기 위해서이고 또한 인간은 미완성의 존재로 태어나기 때문에 자기개발을 통해서 미완성에서 완성으로 나아가는 것이다.
2. 직업인은 조직 내에서 자신의 능력, 적성, 특성 등의 객관적 이해에 기초하여 자기개발목표를 스스로 설정하고 자기관리를 통하여 성취해 나가는 자기개발능력이 필수적으로 요구된다.
3. 직업인은 효과적으로 업무를 처리하기 위해서, 변화하는 환경에 적응하기 위해서, 주변 사람들과 긍정적인 인간관계를 형성하기 위해서, 자신이 달성하고자 하는 목표를 성취하기 위해서, 보람된 삶을 살기 위해서 자기개발을 해야 한다.
4. 자기개발은 주체와 객체가 모두 자신이며, 사람마다 자기개발을 통해 지향하는 바가 모두 다르다. 또한 자기개발은 평생에 걸쳐 이루어지는 과정으로, 일과 관련되어 생활 가운데 이루어지며, 특정한 사람뿐만 아니라 모든 사람들이 자기개발을 해야 한다.

Chapter 02

자기개발방법과 방해요소

학습목표

1. 자아인식을 위한 자아를 파악하는 방법에 대하여 설명할 수 있다.
2. 자기관리의 요소를 설명할 수 있다.
3. 경력개발의 의미를 설명할 수 있다.
4. 자기개발에 어려움을 주는 장애요인에 대하여 설명할 수 있다.

주요용어

자아인식 자기관리 경력개발
자기개발 장애요인

미리보기

직업인들은 누구나 자기개발을 하려고 결심하고 다짐을 해보지만 계획대로 달성하기가 어렵다. 그 이유는 자기개발을 하려고 하는 방법에 대해서 잘 모르기 때문이다. 자기개발을 하는 방법의 하부적인 요소는 자아인식, 자기관리, 경력개발이다.자기개발 계획을 세웠다 하더라도 계획대로 실행하기에는 여러 가지 방해요소들이 있다. 방해하는 요소에는 인간의 욕구와 감정이 작용하고 자기중심적인 사고와 여러 가지 문화적인 장애에 부딪히는 등 자기개발방법을 잘 모르기 때문이다. 이 장에서는 자기개발의 방법으로서 자아인식, 자기관리, 경력개발과 자기개발을 방해하는 요소에 대하여 살펴본다.

제1절 자아인식

자기개발은 자신의 능력, 적성 및 특성 등의 객관적 이해에 기초하여 자기개발목표를 스스로 수립하고 성취해 가는 것으로, 직업인으로서의 자기개발은 다음과 같이 자아인식, 자기관리, 경력개발로 이루어진다.

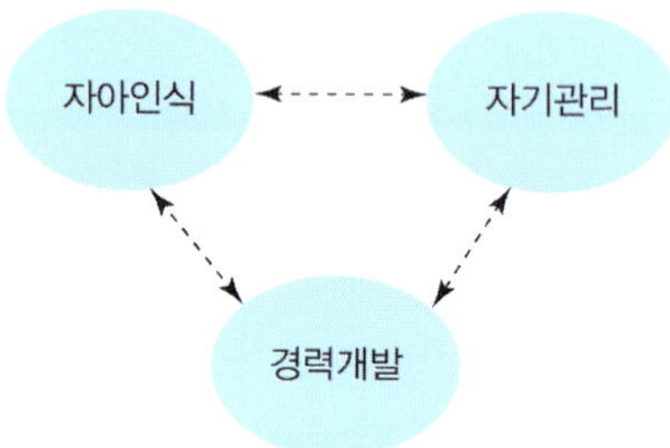

[그림 2-1] 자기개발의 구성

직업인의 자아인식이란 직업생활과 관련하여 자신의 가치, 신념, 흥미, 적성, 성격 등 자신이 누구인지 파악하는 것이다. 자아인식은 자기개발의 첫 단계가 되며 자신이 어떠한 특성을 가지고 있는지를 바르게 인식할 수 있어야 적절한 자기개발이 이루어질 수 있다. 자신을 알아가는 방법으로는 내가 아는 나를 확인하는 방법, 다른 사람과의 대화를 통해 알아가는 방법, 표준화된 검사 척도를 이용하는 방법 등이 있다.

- 자기개발활동을 하고 있는 직장인은 2명 중 1명(50.1%)으로, 2014년(59.4%)보다 오히려 줄어든 것으로 나타나고 있다(Trend Monitor-2015 자기개발 관련 인식조사).

직업생활과 관련하여 자신의 강점과 약점을 파악하고 약점을 보완할 수 있는 방법을 계획해야 자기개발의 첫 출발이 될 수 있다.

사례연구 1

다음은 직장인 A씨의 자아인식을 위한 강점과 약점을 찾고 있다. 사례를 읽고 이어지는 질문에 답을 하시오.

- 회의에서 새로운 아이디어를 내는 것이 부담이 되고 힘이 들 때가 많다.
- 계약이나 문서 작성에서 세부사항을 꼼꼼히 잘 한다고 상사에게 칭찬을 받았다.
- 다른 사람에게 일을 지시하거나, 거절하지 못해 책임을 떠안게 되는 경우가 많다.
- 추상적인 지시나 조언을 들으면 상황파악을 제대로 하지 못해 업무를 진전시키지 못한다.
- 사업추진계획을 할 때 과거 관리, 재무, 기록과 관련된 자료를 잘 활용한다.

1. A씨는 자기개발을 위한 자아인식을 하고 있다. A씨의 강점을 나타내는 지표는 무엇인지 이야기해보자.

2. A씨는 자기개발을 위한 자아인식을 하고 있다. A씨의 약점을 나타내는 지표에 대하여 이야기해보자.

활 동

다음의 물음에 대하여 양식에 기록해보자.

자아인식

직업생활과 관련하여 자신의 가치, 신념, 흥미, 적성, 성격 등 자신이 누구인지 아는 것

- (나의 장점은 무엇일까?)
-
-
-

자기관리

자신을 이해하고, 목표성취를 위해 자신의 행동 및 업무수행을 관리하고 조정하는 것

- (업무의 생산성을 높이기 위해서는 어떻게 해야 할까?)
-
-
-

경력개발

개인의 일과 관련된 경험에서 목표와 전략을 수립하고 실행하며 피드백하는 과정

- (경력개발과 관련된 최근의 이슈는 어떤 것이 있을까?)
-
-
-

제2절 자기관리

자기관리란 자신을 이해하고, 목표를 성취하기 위하여 자신의 행동 및 업무수행을 관리하고 조정하는 것이다. 자기관리는 자신에 대한 이해를 바탕으로 비전과 목표를 수립하며, 이에 대한 과제를 발견하고, 자신의 일정을 수립하며 조정하여 자기관리를 수행하고, 이를 반성하여 피드백하는 과정으로 이루어진다.

1. 자기관리의 비전과 목표 수립 및 과제 선정

자기관리의 첫 번째는 자신의 강점을 찾아서 강점을 강화하고 약점은 보완하는 방법을 세우는 것이다. 강점과 약점을 찾는 방법은 본인 스스로 성찰하고, 주위의 자신에 대하여 잘 알고 있는 사람들의 피드백을 통하여 알 수 있다. 본인의 강점과 약점을 찾는 방법은 지금까지 개발되어 있는 많은 도구 척도들을 이용할 수도 있다. 이러한 강점과 약점을 찾아내어 그러한 요소들이 자기관리의 목표 수립 및 과제로 연결될 수 있다. 강점관리를 통하여 본인의 강점을 지속적으로 향상시킬 수 있도록 적극적이고 지속적인 노력이 필요하다. 약점은 강점보다 쉽게 드러나는 경향이 있고 다른 사람들이 약점을 지적해 주기도 한다. 약점을 최소할 수 있도록 업무에 대한 위임, 협력, 예방 등 다양한 방법을 활용할 수 있다. 강점과 약점관리는 자신 혼자가 아닌 조직의 관리자와 함께 전략적으로 진행할 때 더 시너지효과가 일어난다.

2. 자기관리수행

① 자기관리수행의 첫 번째는 목표를 성취하기 위해 업무수행 및 일정을 조정하여 관리해야 한다.

- 최대로 업무의 생산성을 높이기 위하여 자신의 일정을 관리한다.

- 스티븐 코비의 ≪성공하는 사람들의 7가지 습관≫ 중에 시간관리 매트릭스를 작성해본다.
  시간관리 매트릭스는 4개의 영역으로 구분된다. 4개의 영역으로 나누는 기준은 중요한 것과 중요하지 않은 것, 급한 것과 급하지 않은 것이다.
- 1사분면: 긴급하고 중요한 것 - 약속된 미팅, 마감 있는 업무, 응급상황의 업무 등이다.
- 2사분면: 긴급하지 않으나 중요한 것 - 업무 계획 및 준비, 자기개발, 운동, 상담 등이다.
- 3사분면: 긴급하지도 중요하지도 않은 것 - 인터넷 검색, 게임, 직원과 잡담, 불필요한 타인에 대한 관심 등이다.
- 4사분면: 긴급하나 중요하지 않은 것 - 불필요한 전화통화, 인기를 위한 모임 등이다.

[그림 2-2] 시간관리 매트릭스

② 자기관리 수행은 자신의 특성과 상황에 따라 자신의 행동 및 업무수행을 관리하고 조정하는 것이다. 자기관리수행은 자신의 비전과 목표가 뚜렷해야 하며 효율적인 시간관리를 통해 이루어질 수 있다. 시간관리 매트릭스를 활용하여 자신의 시간관리를 해볼 수 있다.

- 1사분면: 긴급하고 중요한 것 - 당장 처리한다.
- 2사분면: 긴급하지 않으나 중요한 것 - 기한을 정하고 처리한다.
- 3사분면: 긴급하지도 중요하지도 않은 것 - 삭제한다.
- 4사분면: 긴급하나 중요하지 않은 것 - 축소하거나 삭제한다.

③ 반성과 피드백

- 반성의 목적은 개인이 스스로 느꼈던 바를 확고하게 체득하도록 하는 과정이다.
- 자기개발을 위한 새로운 기술, 지식, 행동을 적용한 결과를 검토해볼 수 있는 기회가 된다.
- NCS에서의 자기개발능력을 위한 자기관리방법 중 자신에 대한 반성을 통하여 실수로부터 배울 수 있고 자신의 생각과 감정을 이해하며, 조직 내부의 장애요소들에 대처하고, 향후 새로운 기술과 지식을 어떻게 활용하고 적용할지에 대한 전략을 수립할 수 있다.

활 동

스티븐 코비의 ≪시간관리 매트릭스≫에서 다음의 질문들에 대하여 살펴보자.

1. 최대의 생산성을 달성하기 위한 자기관리방법으로 '시간관리 매트릭스'를 활용해 본다. 하루의 일과를 4사분면으로 나누고 일정을 관리해 본다. 앞의 그림에서 1사분면은 긴급하고 중요한 것으로 당장 처리해야 할 업무이다. 1사분면에 들어가야 할 내용에는 어떤 것이 있을지 서로 토의해보자.

2. '시간관리 매트릭스'에서 3사분면은 중요하지도 긴급하지도 않은 일이다. 자신의 일과 중에서 3사분면이 있다면 과감히 버려야 한다. 3사분면의 내용으로는 어떤 것이 있는가를 찾아 설명해보자.

제3절 경력개발

경력은 일생에 걸쳐서 지속적으로 이루어지는 일과 관련된 경험이며, 경력개발은 개인의 경력목표와 전략을 수립하고, 실행하며, 피드백하는 과정이다. 직업인은 한 조직의 구성원으로서 자신의 조직과 함께 상호작용하며 자신의 경력을 개발해 나가는 노력을 하지 않으면 안 된다. 경력개발은 자신과 상황을 인식하고, 경력 관련 목표를 설정하여, 그 목표를 달성하기 위한 과정으로 경력 계획과 경력 계획을 준비하고 실행하며 피드백하는 경력관리로 이루어진다.

경력개발능력은 직업인으로서 전문적 숙련도와 인식 등을 발전시키기 위한 개인의 의식적이고 구조화된 노력을 뜻하며,조직의 목표달성을 위해 필요한 능력개발이며 개인의 경력이 조직 내에서 발휘되는 것이다. 경력목표를 효과적으로 달성하기 위해서는 개발 계획을 수립하여야 한다.

경력개발은 자신의 현재 일과 관련된 경력으로 지속적인 성장을 위해서 갖추어야 할 경력목표를 수립하고 실천해 나가는 과정이다. 직장인으로 자신의 경력목표를 설정한 후, 이 경력목표를 달성하기 위해 경력경로의 결정과 구체적인 경력 계획을 수립한다. 피터 드러커는 21세기와 관련된 유일한 기술은 신지식을 배우는 능력이라고 했다. 우리가 알고 있는 모든 지식은 2년 안에 소용 없어진다는 얘기이다. 끊임없이 자신의 분야에 대해 지식과 기술을 업그레이드하고 새로이 배워야 한다.

제4절 자기개발 방해요인

자기개발의 중요성에 공감하더라도 자기개발을 실행하는 일은 쉽지 않다. 이는 자기개발을 방해하는 여러 장애요인이 있기 때문이며, 장애요인은 내적인 요인과 외적인 요인이 모두 작용하게 된다. 자기개발을 방해하는 요소를 확실히 파악해야만 자기개발을 추진해 나갈 때 효과적으로 해 나갈 수 있다.

자기개발의 방해요소 중 자기요인은 자기개발을 추진하는 데 걸림돌이 되는 요소가 자기, 본인이 원인이 됨으로써 나타나는 요소이며 환경요인은 자기개발을 추진하는 데 방해되는 요소가 외부에서 오는 요소로 볼 수 있다. 이 2가지를 다 해결해야만 자기개발을 용이하게 할 수 있다.

자기개발을 할 때에는 인간의 욕구와 감정이 작용하여 자기개발에 대한 태도를 형성하고 제한적인 사고를 통해 자신을 객관적으로 파악하는 데 실패하며, 현재 익숙한 문화에 정착하려는 경향 때문에 어려움을 겪게 된다.

자기개발을 방해하는 요소는 다음과 같다.

1. 인간의 욕구와 감정이 작용하기 때문이다

자기실현에 대한 욕구보다 다른 욕구가 더 강할 때 방해요소로 나타난다. 귀찮아서, 다른 사람하고 친분을 유지하는 활동들이 더 중요하기 때문에, 건강이 안 좋아서 등 이성적인 사고에 앞서 감정적인 욕구가 더 먼저 작용하기 때문이다.

매슬로(A. H. Maslow, 1909~1970)의 인간의 욕구 5단계를 보면 인간은 누구나 다양한 욕구를 가지고 이를 충족시키기 위해서 행동한다. 매슬로는 인간의 욕구는 생리적 욕구부터 시작되고, 전 단계의 욕구가 충족이 되어야 다음 단계가 충족되기를 원한다고 하였다. 따라서 자기실현의 욕구는 상위의 욕구로 생리적 욕구, 안정의 욕구, 사회적 욕구, 존경의 욕구 등과 같이 자기실현 욕구보다 더 우선적으로 여기는 욕구가 있는 경우 자기개발은 이루어지지 않을 수 있다. 인간은 감정을 가지고 있어 긍정적 혹은 부정적 감정에 따라 적극적이거나 소극적인 태도를 보이게 된다.

2. 제한적으로 사고하기 때문이다

- 자신에게 필요하지 않은 자기개발활동에 참여하거나 자신에게 필요한 자기개발활동인데도 필요성을 깨닫지 못함으로 인해 방해요소로 나타날 수 있다.
- 인간은 자기중심적 사고를 한다. 자신의 행동에 대해서 자기합리화를 하려는 경향과 자신의 주장과 반대되는 것에 대해 무의식적으로 배척한다. 또한 자신이 만든 프레임 속에서 사고하며 선입견을 작용시키기도 한다. 이러한 제한적인 사고로 자신의 장단점을 객관적으로 파악하는 데 장애가 되어 자기개발의 방향설정 및 자기개발을 추진하는 데 방해를 받게 된다.

3. 문화적인 장애에 부딪치기 때문이다

- 가정, 사회, 직장 등 외부적인 다른 요인 때문에 자기개발을 추진하는 데 방해요소가 된다.
- 인간은 가정, 사회, 직장 등 다양한 많은 환경에 둘러싸여 있다. 그 속에서 우리의 행동을 규정하는 문화를 형성하고 있다. 문화란 다양한 가치체계로 법률, 규칙, 도덕, 습관 등의 틀로 서로가 끊임없이 상호작용하며 문화의 틀 안에서 사고하고 행동하게 된다. 이러한 요소들이 현재 하고 있는 일을 지속하려는 관성의 법칙으로 안주하려는 습성이 있어서 새로운 자기개발의 걸림돌이 되고 있다.

4. 자기개발 방법을 잘 모르기 때문이다.

- 자기개발 방법을 잘 모를 때는 자기개발을 추진하는 데 어려움이 있다.
- 자기개발을 하려고 해도 어디서 어떻게 할 수 있는지 방법을 모르는 경우가 있다. 자기개발과 관련된 교육 프로그램이 무엇인지, 어디서 제공하는지 등을 조사해 보아야 한다. 고용노동부 HRD-Net, 한국산업인력공단 '중소기

업 및 근로자 평생능력개발 지원사업', 그 외 노동부지정 평생교육기관, 사이버아카데미 등 인터넷 검색을 통해 찾아서 활용할 수 있다. 최근에는 더욱 자기개발에 대한 서적이 많이 있으므로 이를 활용하는 방법도 좋겠다.

사례연구 2

팀 버튼 감독

〈배트맨〉 〈가위손〉 〈이상한 나라의 앨리스〉 〈찰리와 초콜릿 공장〉 〈유령신부〉등을 연출한 할리우드의 유명 감독 팀 버튼은 기발한 캐릭터의 영화들을 만든 상상력의 원천이 어린시절의 감성에서 나온 것이라고 했다.

"어릴 때는 사물을 다르게 보고 다른 관점에서 생각하죠. 세상에 나온 아이에겐 모든 게 새롭기 때문이예요. 나이가 들어가면서 대부분 그런 눈을 잃어가는 데 그때의 기억을 간직하고 있는 게 창작을 가능하게 한다고 봅니다."

가위손은 팀 버튼 자신이라고 볼 수 있다. 외롭고 오해받고, 온통 분류하고 파괴하기만 하는 환경에서 무언가를 만지고 만들어내고 싶어하는 인물.

팀 버튼 감독은 어린시절 남들과 다른 행동으로 별종취급을 받으며 아웃사이더로 지냈다. 늘 혼자였던 팀 버튼의 취미는 B급 공포영화 골라보기와 남들이 싫어하는 괴기스러운 그림 그리기였다. 남들과 다른 개성을 지닌 독특한 캐릭터의 주인공들은 어린시절의 자신의 경험에서 나온 것이다.

캘리포니아 예술대학을 졸업하고 디즈니사에 입사하지만 디즈니가 원하는 꿈과 동심의 세계와는 거리가 먼 팀 버튼의 그림은 인정받지 못한다. 그래서 그가 선택한 것은 독자노선. 그는 자신만의 세계를 거침없이 그려나가기 시작한다. 특이한 영화세계에 마니아층을 불러일으킨 그는 워너브라더스의 투자를 받게 되고 개성 넘치고, 기괴하고 약간은 4차원적인 영화들은 처음엔 냉혹한 평가를 받으며 세상이 외면했지만 할리우드 대표적인 거장으로 인정을 받게 된다.

팀 버튼 감독의 사례에서 자기개발의 방해 요인에도 불구하고 자기개발에 성공할 수 있었던 요인이 무엇인지 이야기해보자.

활 동

본인의 사례를 들어서 다음의 빈칸을 채워보자.

최근에 능력, 자질을 개발하기 위해 노력했지만 실패했던 경험을 적어보자.

실패한 이유가 무엇이라고 생각하는가?

현재 나의 모습 중 개발해야 할 능력과 자질은 무엇인지 적어보자.

나의 능력과 자질개발의 장애요인은 무엇인가? 어떻게 해결할 수 있을까?

학습평가

01 자기개발방법은 다음의 세 가지로 이루어진다. 자아인식과 경력개발 외에 나머지 하나는 무엇인지 채워 넣어 보자.

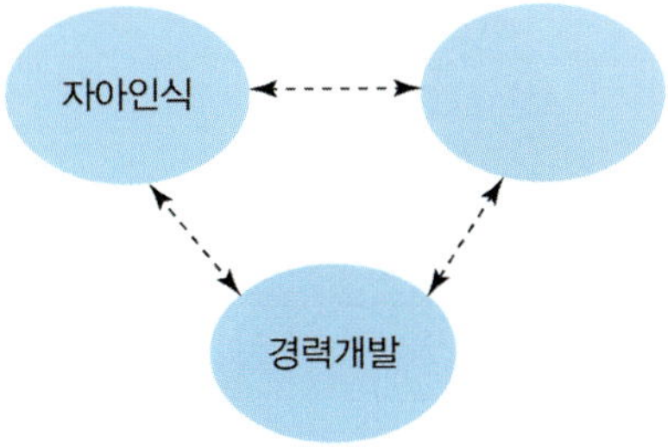

02 왼쪽에 있는 것과 오른쪽에 있는 것을 서로 관련된 것끼리 연결해보자.

	• 직업흥미
자아인식 •	• 일과 관련된 경험
	• 경력계획
경력개발 •	• 자기개발의 첫 단계
	• 표준화된 검사 척도 이용

03 다음 괄호 안에 들어갈 (A)는 무엇인가?

> (A)란 자신을 이해하고 목표를 성취하기 위하여 자신의 행동 및 업무수행을 관리하고 조정하는 것이다. (A)는 자신에 대한 이해를 바탕으로 비전과 목표를 수립하며, 이에 대한 과제를 발견하고, 자신의 일정을 수립하며 조정하여 (A)를 수행하고, 이를 반성하여 피드백하는 과정으로 이루어진다.

04 인간의 욕구와 감정이 작용하기 때문에 자기개발에 실패하는 사례가 있다. 매슬로에 따르면 인간의 욕구는 다음과 같이 위계적이어서 더 기본적인 욕구가 먼저 충족되어야 최상위의 자기실현의 욕구가 충족된다고 한다. 다음 빈칸에 들어갈 욕구가 무엇인지 채워 넣어 보자.

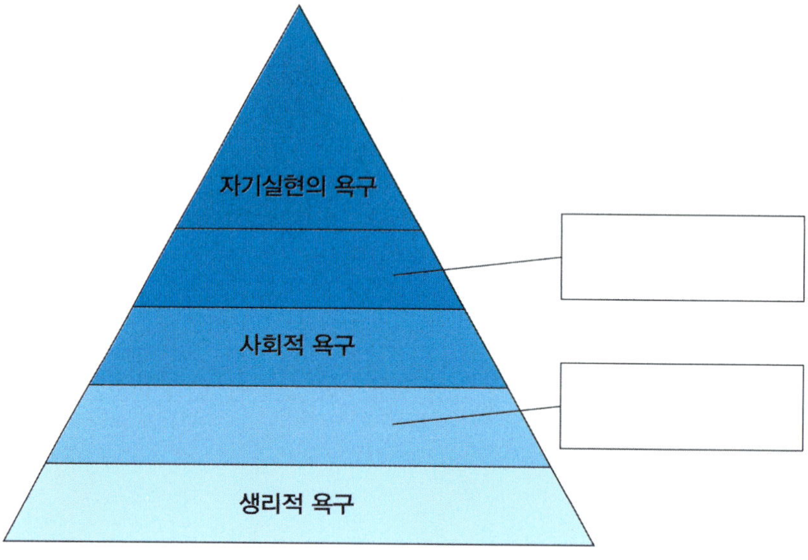

05 사람들이 자기개발을 하려고 하지만 실패하는 원인에 대하여 작성하여 보자.

-
-
-
-

학습 내용 요약

1. 직업인은 자신의 특성을 아는 자기인식, 자신을 이해하고 목표를 성취하기 위하여 자신의 행동 및 업무수행을 관리하고 조정하는 자기관리, 개인의 경력목표와 전략을 수립하고 실행하며 피드백하는 경력개발을 통해 자기개발을 도모한다.
2. 자아인식은 본인의 장단점, 특성, 흥미 같은 요소에 대하여 확실히 파악하는 것을 이야기한다. 자아인식은 본인에 대하여 깊이 있게 생각하고, 또한 나를 잘 아는 사람에게 피드백을 받을 수 있다.
3. 자기관리는 자기개발을 해 나가면서 자신의 행동, 습관, 욕구를 통제하고 관리하는 것을 말한다.
4. 경력개발은 개인의 경력목표와 전략을 수립하고 실행하며 피드백하는 과정을 말한다.
5. 사람들은 자기개발의 중요성에 공감하더라도 자기개발에 실패하는 경우가 있다.
6. 자기개발을 효과적으로 추진하기 위해서는 인간의 욕구와 감정을 통제하여 자기개발에 대한 태도를 잘 형성하고, 제한적인 사고를 벗어나 자신을 객관적으로 파악하며, 현재 익숙한 문화에 안주하지 않으려고 노력해야 한다.
7. 자기개발 방법을 잘 모르는 것도 자기개발 추진의 하나의 걸림돌로 볼 수 있다.

Chapter 03

자기개발 수립

학습목표

1. 자기개발 수립 전략을 설명할 수 있다.
2. 자기개발 수립의 장애요인을 말할 수 있다.
3. 개인의 브랜드 구축 전략을 세울 수 있다.

주요용어

자기개발 설계 전략	자기개발 수립 계획	개인 브랜드 구축 전략

미리보기

자기개발을 수립하기 위해서는 자기개발의 수립 전략을 세워야 한다. 자기개발 수립의 절차는 장단기목표를 수립하고 인간관계를 고려하고 현재의 직무를 고려하여 구체적인 방법으로 계획한다. 이 장에서는 실제로 자기개발을 수립하기 위한 전략과 자기개발 수립이 어려운 이유에 대하여 기술되어 있다. 또한 조직에서 자기의 유용성을 나타내기 위해서는 자기만의 색깔, 브랜드를 가지고 있어야 되는데, 자기만의 브랜드를 구축하기 위한 방법에 대하여 제시한다.

제1절 자기개발 수립 전략

직업인들은 매일의 반복적인 업무 속에서 자신의 미래에 대한 아무런 소망이나 계획 없이 살아가는 경우가 있다. 그러나 미래에 대한 명확한 청사진이 있는 사람은 자신을 개발하기 위해 부단히 노력하게 된다. 자기개발 계획을 수립하기 위해서는 어떻게 해야 하는지 알아보자.

1. 자기개발 수립 절차

새로운 길을 찾아가기 위해서는 지도가 필요한 것처럼 우리가 살아가기 위해서는 인생의 청사진이 필요하다. 미래의 계획을 세우고 이를 달성하기 위하여 끊임없이 자기를 개발한다면 누구나 성공할 수 있다.

그러나 자기개발 계획을 구체적이고 실현 가능하게 세우기란 쉽지 않다.

자기개발에 대한 계획을 수립한다고 해서 모든 목표를 달성할 수 있는 것은 아니다. 자기개발 목표를 성취하기 위해서는 다음과 같은 전략을 고려하여 목표를 수립하고 자기개발 방법을 선정하여야 한다.

1) 장단기 목표를 수립한다

자기개발목표를 수립할 때에는 장기목표와 단기목표를 같이 세워야 한다. 장기목표만 수립할 때에는 목표가 기간적으로 너무 장기적으로 되기 때문에 목표달성에 대한 성취감을 느낄 수 없고 중간에 그 목표를 포기 할 수도 있다. 단기목표만 세울 경우에는 전체적으로 목표가 추진되는 방향이나 현재 하고 있는 자기개발의 성과가 얼마나 되는가를 정확히 알 수 없기 때문에 자기개발의 방향이 부정확해질 수도 있다. 마라톤 선수들도 처음부터 장기목표인 42.195km만 목표로 세우고 달기기 시작하면 너무 멀고 길기 때문에 중간에 포기하게 되는 경우가 많이 있다. 하지만 42.195km를 10km씩 단기목표로 나누어서 달리기 시작하면 10km 달려가서 목표달성의 성취감을 맛보고 또 달리다 보면 전체 42.195km

인 장기목표를 달성할 수 있다는 것이다.

장단기를 구분하는 기준은 개인에 따라 중요한 생애전환기(결혼, 취직, 이직 등)를 기준으로 바뀔 수도 있으나 보통 장기목표는 5~20년 뒤를 설계하며, 단기목표는 1~3년 정도의 목표를 의미한다. 장기목표는 자신의 욕구, 가치, 흥미, 적성 및 기대를 고려하여 수립하며 자신의 직장에서의 일과 관련하여 직무의 특성, 타인과의 관계 등을 고려해야 한다. 단기목표는 장기목표를 달성하기 위한 기본단계가 되며, 이를 위해 필요한 직무 관련 경험, 개발해야 될 능력 혹은 자격증, 쌓아두어야 할 인간관계 등을 고려하여 수립한다.

2) 인간관계를 고려한다

우리는 자기개발 계획을 수립하거나 추진할 때에도 혼자서는 할 수 없다. 우리는 가족, 친구, 직장동료, 부하직원, 상사, 고객 등 많은 인간관계를 맺고 살아가고 있으므로 이러한 관계를 고려하지 않고 자기개발 계획을 수립한다면 계획을 실행하는 데 어려움을 겪게 된다. 본인의 이익만을 위한 자기개발이 아니라 주위 사람에게도 도움이 될 수 있는 자기개발 계획이 되었을 때 그 계획이 성과를 낼 수 있다. 또한 다른 사람과의 관계를 발전시키는 것도 하나의 자기개발목표가 될 수 있다.

3) 현재의 직무를 고려한다

직업인이라면 현재의 직무와 관계된 일을 계속하든, 아니면 전혀 새로운 일을 탐색하여 수행하든 현재의 직무상황과 이에 대한 만족도가 자기개발 계획을 수립하는 데 중요한 역할을 담당하게 된다. 따라서 현 직무를 담당하는 데 필요한 능력과 이에 대한 자신의 수준, 개발해야 할 능력, 관련된 적성 등을 고려해야 한다. 현재의 직무를 중심으로 자기개발 계획을 세우고 아울러 개인에 관련된 자기개발 계획도 세울 수 있다. 하지만 우선은 현재의 직무를 우선적으로 고려하여 자기개발 계획을 세워야 한다.

4) 구체적인 방법으로 계획한다

애매모호한 방법으로 계획하게 되면 어떻게 해야 되는지 명확하게 알 수 없으므로, 중간에 적당히 하게 되거나 효율적이지 못하고 자신의 노력을 낭비하게 된다. 따라서 자신이 수행해야 할 자기개발 방법을 명확하고 구체적으로 수립하면 노력을 집중하고 효율화할 수 있으며, 이에 대한 진행과정도 손쉽게 파악할 수 있다. 예를 들어, '영어 공부하기'라는 조금 추상적인 방법보다 '1시간 일찍 출근하여 매일 영어 공부하기' 등으로 구체적인 방법을 계획한다. 이렇게 구체적인 계획을 세워야만 자기개발의 성과를 파악할 수 있다. 다만, 장기목표일 경우 때에 따라서 매우 구체적인 방법을 계획하는 것이 어렵거나 바람직하지 않을 수 있다.

제2절 자기개발 수립 시 고려사항

자기개발 수립 시 고려해야 할 사항은 다음과 같다.

1. 비전 수립을 위한 구체적인 계획을 수립한다.

- 자신의 삶의 방향을 잡아주는 목표 수립을 위한 구체적인 계획 및 미래일기를 작성하며 장기목표, 중기목표, 단기목표를 나누어서 수립한다.
  ① 장기목표(5~10년): 직장에서의 비전 수립으로 자신이 바라는 성공목표 지점
  ② 중기목표(1~3년): 장기목표 달성을 위해 필요한 자기개발과정
  ③ 단기목표(1년 미만): 실제 1년 동안 해야 할 구체적인 활동, 범위

- NCS 직업기초능력에서 자기개발을 위한 비전 수립은 자신의 인생 전반에 대한 목표 계획으로 자신의 욕구, 흥미, 적성을 고려한 가슴이 뛰는 일을

찾고 그 일에 대한 목표를 장기적으로 5~10년, 20년 이후의 모습을 구체적으로 수립한다. 이때 그림을 그리듯 목표를 성취했을 때의 상황을 '미래일기' 형식으로 작성해 보는 것도 도움이 된다. 예를 들어, [2035년 7월 1일. 날씨 맑음. 오늘은 기업사장단 회의가 있는 날이었다. 우리 회사가 단기 순이익률 100% 달성으로 내가 사례 발표를 하였다] 등 그 비전이 달성될 날의 미래의 일기를 미리 작성해 놓으면 자기개발 계획을 추진할 때 많은 동기부여가 될 수 있을 것이다.

- 중기목표는 장기목표를 달성하기 위한 좀 더 구체적인 플랜으로 1~3년 단위로 세우며 목표를 위한 자신의 능력을 개발하는 과정으로 자격증, 수료증, 학교진학 등의 계획을 세운다. 하루, 주간, 월간목표 등은 단기목표로서 중기목표를 달성하기 위한 단위목표로 단기목표를 실제 실행하기 위한 과정으로 '시간관리 매트릭스'를 활용하여 자신의 활동범위를 정하고 중요하고 긴급한 것을 우선순위로 행동을 실천해 나간다.

2. 자기개발과 인간관계의 중요성

- NCS 직업기초능력에서의 자기개발은 나와 조직의 발전에 기여하는 것으로 조직은 서로 다른 조직원들로 구성되어 있다. 이에 주위 조직원들과의 관계를 고려하여 계획을 세워야 한다.
- '100대 대기업들이 원하는 인재상(2013)'에서 보면 과거 능력 중심에서 태도, 인성, 의식 등 조직에서의 긍정적인 인간관계와 삶의 태도를 중요시하고 있다.
- NCS 직업기초능력에서의 자기개발의 목적은 직업인으로서 성공적으로 자신의 능력을 발휘하여 자신과 조직의 목표를 달성하는 데 있다. 조직은 서로 다른 다양한 사람들로 구성되었으며 개인의 전문적인 역량보다 중요한 것이 이들과의 관계 형성이며 조직원들에게 인정을 받는 일이다.
- '100대 대기업들이 원하는 인재상'에서도 보면 중요 키워드가 창의성, 전문성, 도전정신, 도덕성, 팀워크, 글로벌 역량, 열정, 주인의식, 실행력 등으로

대부분 그 사람의 인성과 태도, 자세 등으로 타인과의 조화와 협력을 중요시하고 있다. 조직 내에서의 효과적인 인간관계를 위해서는 타인에 대한 순수한 관심과 예의 바른 태도, 자신의 업무에 대한 책임감, 성실성, 타인의 의견존중, 배려 등이 있다.

3. NCS 직업기초능력에서의 자기개발은 조직을 위한 역량 강화에 초점

- NCS 직업기초능력에서 요구하는 자기개발은 조직의 성장과 발전을 위한 조직 내에서의 자신의 업무 향상을 위한 개발에 목적을 두고 있다.
- 국가직무표준(NCS)의 목적은 직무의 효율성과 조직의 성장에 있다. 조직원으로서 자기개발은 자신의 직무를 바탕으로 한 계획이어야 하며, 현재 직무에 필요한 능력과 이에 대한 자신의 수준, 개발해야 할 능력, 관련된 적성 등을 고려해서 역량을 키울 수 있도록 계획을 수립하는 것을 우선으로 해야 한다.

사례연구 1

〈꿈을 이룬 사람〉

'항상 진정성 있게 살자'라는 좌우명을 가지고 살아온 삶이었다. 어린시절 방황하며 많이 힘들었던 적도 있었지만 고통을 이겨내고 나의 꿈을 이뤄 오늘의 내가 있을 수 있게 된 것은 주위 사람들의 격려와 도움이 많은 힘이 되었다. 묵묵히 뒤에서 지켜봐주신 부모님과 가족들에게도 감사드린다. 진로에 대해 고민하던 내게 손을 내밀어 주시고 이끌어주신 선생님들께도 감사드린다. 사진작가로서 나의 재능을 통해 세상에 밝은빛을 전하고 선한 영향력을 줄 수 있게 되어 감사할 따름이다. 나와 같이 방황하는 젊은이들이 이 책을 읽고 힘을 얻기를 바란다.

1. 자서전은 인생을 회상하면서 쓰는 것이지만 미래를 계획하며 자서전 서문을 써보자. 나의 자서전의 제목과 목차를 정해보자. 자신이 미래에 어떻게 살고 있을지, 지금 마음에 품고 있는 것을 이룬다면 어떤 모습이 될지 생각해보자. 그리고 그 모습을 미래 자서전에 그려보자. 그러면 그 모습이 언젠가는 당신의 현실이 될 것이다.

2. 자서전 쓰기는 NCS 직업기초능력에서의 자기개발 단계 중 어느 단계에서 이루어진 일인지 이야기해보자.

활 동

다음 표를 이용하여 자기개발 계획을 세워 보자.

작성 일시: 년 월 일 작성자:

경과연도	내가 바라는 모습(목표)	구체적인 자기개발방법
1년 후		
5년 후		

나의 주변에서 성공적인 사람들을 찾아보고 참고해 보자. 그들이 가지고 있는 자기개발방법은 어떠한 것들이 있으며, 나와의 차이점은 무엇일까?

제3절 자기개발 수립의 장애요인

1. 자기개발 계획 수립이 어려운 이유

학생이나 직업인 모두에게 있어서 자기개발 계획을 수립하는 전략을 알고 있다고 하더라도 자기개발 계획을 구체적으로 설계하는 일은 어려운 일이다. 이는 자기개발 계획을 수립하는 데 많은 장애요인이 있기 때문이다. 장애요인으로는 다음과 같이 자신이나 작업에 대한 정보가 부족하거나, 의사결정에 대한 자신감의 부족, 주변 환경의 문제가 있을 수 있다.

구체적으로 자기개발 수립의 장애요인은 다음과 같다.

① 자기정보의 부족: 자신의 흥미, 장점, 가치, 라이프 스타일을 충분히 이해하지 못함

② 내부 작업정보 부족: 회사 내의 경력기회 및 직무 가능성에 대해 충분히 알지 못함

③ 외부 작업정보 부족: 다른 직업이나 회사 밖의 기회에 대해 충분히 알지 못함

④ 의사결정 시 자신감의 부족: 자기개발과 관련된 결정을 내릴 때 자신감 부족

⑤ 일상생활의 요구사항: 개인의 자기개발 목표와 일상생활(가정) 간의 갈등

⑥ 주변상황의 제약: 재정적 문제, 연령, 시간 등

2. 자기개발 계획 수립의 장애요인 제거방법

- NCS 직업기초능력에서의 자기개발은 매우 중요한 능력이다. 자기개발은 자신이 스스로 자신의 강점과 약점, 가치관, 흥미, 적성, 특징 등과 자신의 업무에 있어서 어느 정도 성과를 올리고 있는지, 조직에 기여하는 정도와 미래 자신의 목표설정 등이 기초가 되어야 자기개발 계획을 수립할 수 있다. 이러한 자신의 현재 상황을 파악하지 못한다면 자기개발 계획을 수립하기 어렵다.

- 직장인들 중에는 자신에 대한 비전도 없이 경제수단으로 직장생활을 하는 사람들도 많이 있다. 내가 속한 조직의 비전에는 관심도 없는 사람들이다. 그러나 조직의 구성원으로서 나의 성장은 조직의 비전과 나의 비전이 일치할 때 시너지 효과가 있다. 조직의 비전과 목표를 파악하고 나의 비전을 조직에 맞춰 개발한다면 나와 조직이 함께 성장할 것이다.
- 자신의 능력을 믿지 못하고 평상시 자신감이 없는 사람은 어떤 상황에서도 의사결정을 내리기 힘이 든다. 그저 조직에서의 지시에 따르는 수동형 인간이 될 수밖에 없다. 자기 자신을 잘할 수 있다고 믿고 자신은 조직에서 중요한 사람이라고 생각을해 보자. 주어진 일에 대해 최선을 다할 때 자신감과 조직의 구성원으로서 자부심이 생길 때 자기개발의 의욕이 생긴다.
- 우리는 누구나 좋은 환경에 있지는 않다. 자기개발 계획을 세웠다 하더라도 직장에서의 근무시간과 가정에서의 환경, 자금, 건강 등 많은 제약이 있을 수 있다. 한 번에 욕심을 내지 말고 지금부터 실천할 수 있는 목록을 계획하고 하나씩 실천해 보자.

제4절 자신의 브랜드 전략

브랜드라고 하면 하나의 기업을 생각하기 쉬우며 개인의 브랜드화라고 하더라도 연예인이나 기업 CEO 정도로 생각하기 쉽다. 그러나 최근의 경쟁사회에서는 모든 직업인들이 자기개발을 넘어서, '누구?'하면 떠오르는 자신만의 이미지를 가지고 자신을 하나의 브랜드로 만들고 알려야 되는 시대가 도래하였다.

1. 개인 브랜드 시대

개인 브랜드(personal brand)란 개인에 대해 일종의 고정관념을 갖게 하는 것이다. 개인에 대한 브랜드화는 단순히 자신을 알리는 것을 뛰어 넘어, 자신을 다른 사람과 차별화하는 특징을 밝혀내고 이를 부각시키기 위해 지속적인 자기개발을 하며, 알리는 것(PR)을 말한다.

1) 나만의 경쟁력 개인 브랜드

- 개인도 기업이나 상품처럼 자산이나 개인 브랜드의 가치가 있으며,
- 조직에 잘 적응하되 자신만의 색깔을 가지고 자신만의 영역을 가진 사람이다.
- 조직에서의 개인에 대한 기대감의 결과물, 다른 사람과 차별화된 확고한 것을 개인 브랜드라고 할 수 있다.

2) 개인의 브랜드 가치

- 개인의 이미지는 곧 브랜드이며 자산이다. 개인의 내면의 열정, 긍정, 인내, 자신감 등 보이지 않는 요소가 될 수도 있고 자신의 업무 분야에서의 프레젠테이션 능력, 협상능력, 기획력, 외국어능력, 커뮤니케이션 능력 등 다양한 분야에서 개인을 떠올리게 하는 것이 나만의 브랜드, 즉 개인 브랜드이다.
- 예를 들어, 상장기업 디지털 마케터로 근무하고 있는 장씨는 릴라킹이라는 개인 브랜드를 통해 블로그, 페이스북, 인스타그램, 트위터 등의 여러 디지털 플랫폼에 투자하고 직접 운영하여 블로그 릴라킹 구독자가 1만명을 돌파하여 화제가 되었다. 릴라킹은 빠르게 변화하는 세상 속 자기발전과 세상과 소통, 트렌드를 리드하기 위해 그만의 창조적인 아이디어로 열정적으로 활동하고 있다(이데릴라이프, 2015. 6. 17).

2. 개인 브랜드 극대화 전략

현대사회에서 개인 브랜드를 극대화하기 위한 전략은 다음과 같다.

1) 자신감

- 자기 스스로 어떤 일에 대해 잘 할 수 있을 거라고 믿는 마음이다.

- 개인 브랜드 형성에서 가장 중요한 것이 자기 자신이 스스로 믿고 신뢰하는 마음이다. 어떤 일을 하든지 자신감 유무에 따라 일의 진행과 성과에 큰 차이가 있다. 자신감이 없다면 타인에 의해 끌려갈 수밖에 없고 주도적이지 못하며 직무에서도 수동적일 수밖에 없다.

2) 비전

- 명확한 비전은 삶의 원동력이며 개인 브랜드의 가치이다.
  명확한 비전이 있어야 개인 브랜드가 형성된다. 비전은 나만의 능력을 표현할 수 있는 목표점이며 내가 나아가야 할 방향지침이다.

3) 신뢰감

- 업무의 전문적인 능력보다 사람과의 관계에서 인정받는 신뢰성이 중요하다. 성실하고 책임감이 강한 사람은 어디를 가도 타인들로부터 인정을 받는다. 주위 사람들로부터 신뢰를 얻을 때 그 사람의 가치가 올라가고 개인 브랜드가 형성된다.

4) 자기애

- 자기를 사랑하고 인정하는 마음으로 다른 사람들에게 사랑을 베풀 수 있는 마음이다.
- 개인 브랜드의 형성에서 자기애는 자신을 사랑하지 못하면 자신의 개인 브랜드를 사랑할 수 없기 때문이다. 자기 자신을 사랑하는 사람은 긍정적이고 단점도 인정하며 타인에게도 사랑을 베풀 수 있는 마음이 생긴다.

5) 진정성

- 개인의 실력을 동반한 진정성이 느껴질 때 더 매력적으로 느껴진다.
  사람은 감정적 동물이기 때문에 상대방에 대한 공감능력과 감정이입이 잘

된다. 진정성이 없이 겉치레를 한다면 상대방은 바로 알아차리고 나를 신뢰하지 않는다. 나의 실력을 바탕으로 진정성이 느껴질 때 나의 개인 브랜드는 더 빛을 낼 것이다.

6) 인간관계

- 개인 브랜드는 주위 사람으로 인해 만들어진다.

  조직생활과 사회생활에서는 인간관계가 중요하다. 자신의 실력으로 독단적으로 진행한다면 주변 사람들로부터 인정받기 힘들다. 개인 브랜드는 자신과 주변 사람들로 인해 만들어지기 때문에 인간관계 형성에 많은 노력을 해야 한다.

7) 도전

- 현재의 나의 역량보다 더 발전하기 위한 도전에서 개인 브랜드가 형성된다.

  도전이 없이 현실에 안주하려고 하면 발전이 있을 수 없으며 개인 브랜드도 만들 수 없다. 힘든 역경에도 도전할 때 다른 사람과 차별되고 그 용기에 동기부여가 되는 것이다.

8) 실력

- 나만의 노하우, 나만의 콘텐츠, 나의 이미지가 개인 브랜드이다.

  실력이 없이 화려하고 유명하다면 그것은 빈 수레가 요란한 것이다. 개인 브랜드에서 가장 핵심 포인트는 나만의 실력이다. 다른 사람과 비교하여 가장 잘 하는 것이 있어야 한다.

9) 표현

- 현대사회는 자기 PR시대로 개인 브랜드의 홍보가 중요하다

  자기 자신의 브랜드를 알리는 것이다. 자신의 인성과 실력을 표현하지 않

는다면 주변 사람들이 모두 알아주기는 힘들다. 자기 자신을 잘 표현하는 것, 자기 자신의 의사를 잘 전달하는 표현력이 개인 브랜드 형성에 중요요소이다.

사례연구 2

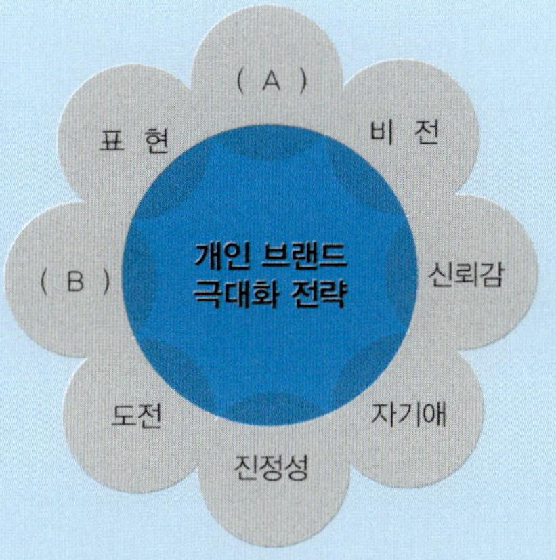

1. 위의 그림은 개인 브랜드를 극대화하기 위한 전략이다. 빈칸에 들어갈 말에 대하여 이야기해보자.

2. 당신을 하나의 제품이라고 가정해보자. 어떤 브랜드이며, 그 이유는 무엇인가? 당신이 선택한 브랜드의 이름을 적고, 그것을 정의해보자.

나는 ____이다.

왜냐하면 ____________________________________ 때문이다.

3. 당신에게 가장 중요한 것이 무엇인지 써보자. 그것을 짧은 문장으로 요약하여 비전선언문을 써보자. 비전선언문을 낭독하고 3사람 이상의 사인을 받아오자.

학습평가

01 자기개발 계획을 수립할 때 사용해야 될 전략 4가지에 대하여 설명해보자.

02 다음 중 자기개발 계획을 설계하기 위해 알아야 할 사항들에 모두 ✓표해 보자.

- □ 나의 흥미
- □ 나의 적성
- □ 타인과의 관계
- □ 현재 직무의 특성
- □ 나의 목표
- □ 현재 회사에서의 경력개발 기회
- □ 나의 재정상황
- □ 나의 건강상태

03 자기개발 계획을 수립하기 위한 전략에 대한 설명으로 맞는 것은?

① 장기목표는 단기목표를 수립하기 위한 기본단계가 된다.

② 장단기목표 모두 반드시 구체적으로 작성한다.

③ 인간관계는 자기개발목표를 수립하는 데 고려해야 될 사항인 동시에 하나의 자기개발목표가 될 수 있다.

④ 미래에 대한 계획이므로 현재의 직무를 고려할 필요가 없다.

04 다음은 삼성경제연구소에서 제시한 사랑받는 브랜드가 되기 위한 요건이다. 다음 중 빈칸에 들어갈 요건으로 소비자에게 신뢰감을 주어 지속적인 소비가 가능하도록 하는 것은 무엇인가?

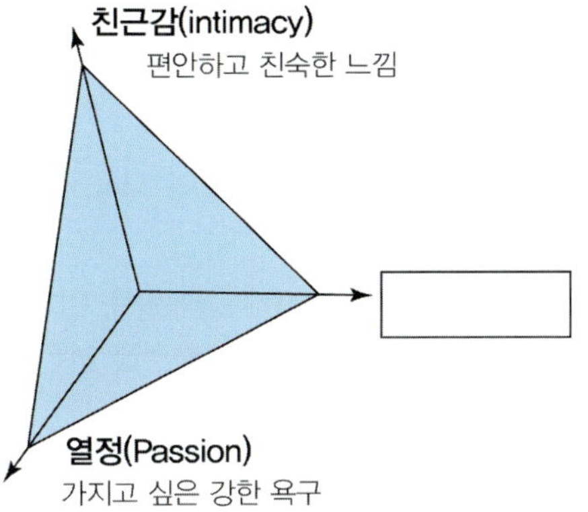

05 자기 브랜드를 PR 할 수 있는 방법에 대해서 작성해보자.

-
-
-

학습 내용 요약

1. 자기개발 계획을 수립할 때에는 보다 명확하게 방향성을 가지고 있어야 한다.
2. 직업인은 장단기목표를 수립하고, 인간관계와 현재의 직무를 고려하여, 구체적인 방법을 통해 자기개발을 계획하여야 한다.
3. 최근에는 자기개발을 넘어서 자기만의 색깔이 있고 자기만의 독특한 이미지, 즉 개인을 스스로 브랜드화해야 한다.
4. 직업인은 자신을 브랜드화하기 위해서 자기개발을 먼저 시도해야 하며, 친근감, 책임감, 열정을 기반으로 자기 브랜드를 적극적으로 PR 할 수 있는 방법을 모색하여야 한다.

PART Ⅱ

자아인식능력

Chapter

04

자아인식의 이해

학습목표

1. 자아인식의 의미를 설명할 수 있다.
2. 자아인식능력과 잠재능력을 설명할 수 있다.
3. 자아인식 구성요소에 대해 설명할 수 있다.
4. 스스로 인식방법과 다른 사람과의 커뮤니케이션을 통해 알 수 있는 자아인식 방법을 설명할 수 있다.
5. 자아인식을 위해 표준화검사 도구를 적용할 수 있다.

주요용어

자아인식	자아인식능력	자아인식 구성요소
자아인식 방법	커뮤니케이션	표준화검사 도구

미리보기

자신이 어떤 분야에 흥미가 있고, 어떤 능력의 소유자이며, 어떤 행동을 좋아하는지를 분석하는 것은 직업선택에 있어서 매우 중요하다.
이 장에서는 한 사람의 직업인으로서 자신이 원하는 직업을 갖고 그 일을 효과적으로 수행하기 위해서 필요한 자아인식에 대하여 살펴본다. 또한 자아인식의 구성요소와 방법에는 어떤 것이 있는지 살펴본 후, 자아인식을 위한 표준화검사 도구를 살펴본다.

제1절 자아인식의 의의

1. 자아인식의 의미

나를 안다는 것은 자신의 가치, 신념, 태도 등 아는 것을 넘어서 이것들이 자신의 행동에 어떻게 영향을 미치는가를 아는 개념이다.

한 사람이 직업인으로서 자신이 원하는 직업을 갖고 그 일을 효과적으로 수행하기 위해서는 장기간에 걸친 치밀한 준비와 노력이 필요하며, 자신을 분명하게 아는 것이 선행되어야 이러한 노력이 적절히 이루어질 수 있다. 즉, 직업인으로서 자아인식(self-awareness)이란 다양한 방법을 활용하여 자신이 어떤 분야에 흥미가 있고, 어떤 능력의 소유자이며, 어떤 행동을 좋아하는지를 종합적으로 분석하는 것이다. 또한 자기를 지각하고 그 지각된 내용을 체계화시킴으로써 자신을 존중하고 자신을 가치 있다고 여기는 동시에 자신의 한계를 인식하고 더 성장해야 되겠다는 욕구를 가질 수 있어 자아정체감을 확고히 하게 된다. 즉, 직업인으로서 자아인식은 직업생활에서 자신의 요구를 파악하고 자신의 능력 및 기술을 이해하여 자신의 가치를 확신하는 것으로 개인과 팀의 성과를 높이는 데 필수적으로 요구된다.

또한 [그림 4-1]과 같이 올바른 자아인식은 타인이나 환경으로부터 자신의 존재가 다르다는 것을 구별하고 자신의 가치, 신념, 태도 등을 아는 것과 자신의 행동에 어떻게 영향을 미치는가를 아는 것이다.

- 직업인으로서 자아인식은 자신에 대한 요구를 파악하고 다양한 방법으로 자신의 강점과 약점, 흥미, 적성, 특징 등을 종합적으로 분석하여 자신을 이해하고 자기정체감을 확고히 하는 것이다.
- 올바른 자아인식은 사회생활과 관련된 개인과 팀의 성과 향상에 필수적으로 요구된다고 볼 수 있다.

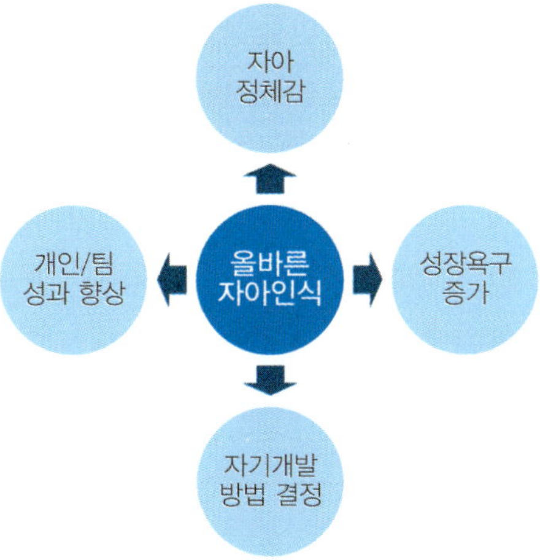

[그림 4-1] 올바른 자아인식

자아인식능력의 의미는 직장에서의 자신에 대한 요구를 파악하고 다양한 방법으로 자신의 강점과 약점, 흥미, 적성, 특징 등을 종합적으로 분석하여 자신을 이해하고 자신의 가치를 찾는 것이다. 직장생활을 하다보면 자기 자신의 특성을 잘 알고 이를 잘 활용하는 사람이 있는 반면, 자신의 특성을 모르고 있는 사람도 있다. 자신을 잘 안다면 효과적으로 학교생활 및 직장생활도 잘 수행할 수 있다.

2. 나의 잠재능력 찾기

직장생활을 하면서 자신에 대한 요구를 파악하고 다양한 방법으로 자신의 강점과 약점, 흥미, 적성, 특징 등을 종합적으로 분석하여 자신을 이해하고 자신의 가치를 찾는 것이 중요하다. 흔히 능력은 타고나는 것이라고 생각한다. 그래서 타고난 능력을 발견하려고 한다. 하지만 능력은 경험과 연습의 결과로 만들어지고 계속 개발되는 것이다. 대부분의 사람들은 자신의 능력이 많이 부족하다고 생각한다. 이는 자신이 가지고 있는 능력을 대수롭지 않게 여기거나 사회가 중요하게 여기지 않을 것이라고 생각하기 때문이다.

자신의 내면에 숨겨져 있는 다양한 잠재능력을 발견하고, 그러한 능력으로

[그림 4-2]
내 몸 속에 있는 잠재능력

좋은 성과를 만들었던 경험들을 찾아내어 나 자신을 능력 있는 사람으로 만드는 것이 성공적인 삶을 위해 무엇보다도 중요하다. 우연히 어떤 일을 하였는데, 기대 이상의 성과를 얻은 능력이라든지 주위 사람들에게 칭찬을 받고 있는 능력 등을 발견하는 것이 자신의 진로를 결정하는 데 중요한 역할을 한다. 그렇다면 성공하려면 얼마나 많은 능력이 필요할까?

아인슈타인은 학교 다닐 때 글도 못쓰고 친구도 못 사귀었고 잘하는 것은 오로지 수학 하나뿐이었다고 한다. 그래도 상대성원리를 증명해냈고, 20세기 최고의 천재라고 불리고 있다. 또한 '해리포터'시리즈를 쓴 조앤 롤링은 비서로 일을 하면서도 멍하니 상상의 세계에 빠져 일을 엉망으로 해서 직장에서 쫓겨났다. 그녀는 오직 재미있는 이야기를 상상하고 이를 글로 옮기는 재능이 있었을 뿐이었다. 그 재능으로 역사상 성경 다음으로 많이 팔려나갔고 세계에서 가장 많은 인세 수입을 올리는 작가, 영국인들이 세익스피어 이래 가장 자랑스러워하는 작가가 되었다.

이렇듯 한 가지 능력만 잘 발휘할 수 있도록 자신을 격려하고 개발하면 직업인으로 역할을 잘 할 수 있다. 대부분의 사람들은 평생 동안 자기 능력의 불과 5%만을 사용한다고 한다. 숨어 있거나 잠자고 있는 능력들을 개발하여 발휘하게 되면 미래의 행복은 여러분의 것이 될 것이다.

활 동 1-1

다음은 잠재능력에 관련된 단어들이다. 제시된 단어들을 읽고 자신을 잘 표현하고 있는 항목을 모두 체크해보자.

영화 감상하기		비평하기		레크리에이션 진행하기	
스포츠 즐기기		새로운 물건 발명하기		패션에 관심가지기	
책 읽기		새로운 아이디어 내기		댄스하기	
정기간행물/잡지책 읽기		프로그램 만들기		연극, 드라마 만들기	
신문/뉴스 보기		조언/상담하기		문학작품 쓰기	
여행정보 모으기		갈등 조정하기		노래 부르기	
정보 검색하기		설득시키기		악기 다루기	
캠핑가기		폭넓은 대인관계		체력관리하기	
탐험/답사 정보 모으기		편안한 인상		건강검진 신경 쓰기	
쇼핑하기		어울림/즐거운 시간		자격증 따기	
리더역할하기		유머/재치		성적관리하기	
예산 계획 세우기		깊은 친구 만들기		가르치기	
사람 기억하기		동우회/모임/단체 참여하기		암기하기	
발표하기		환경 깨끗이 하기		논술 쓰기	
민첩한 손재주		정리정돈하기		그림 그리기	
문서정리하기		운전하기		채소, 조경 가꾸기	
문서편집하기		가전제품수리하기		협상을 위해 타협하기	
물건 포장하기		차량 수리하기		물건 판매하기	
계산하기		요리하기		체계적 계획 세우기	
환경 깨끗이 하기		사회 진행하기		기타( )	
감정 다스리기		약속 지키기		기타( )	

활 동 1-2

위에서 확인한 잠재능력으로 좋은 성과를 얻게 된 사례

1. 좋은 성과를 발휘한 능력은 어떤 것이 있는가?

2. 나의 능력을 사용하여 좋은 성과를 얻게 된 사례를 찾아 기술해보자.

활 동 2

다음은 자아인식의 방법에서 제시된 단어들을 읽고 자신을 잘 표현하고 있는 항목에 모두 체크해보자.

열성적인		이성적인		목표 지향적인		꿈이 많은	
활동적인		신사적인		동료애가 있는		독창적인	
자립심이 강한		근면한		조직적인		정확한	
융통성 있는		유머가 있는		독립적인		책임감이 강한	
합리적/논리적인		경쟁적인		친절한		예의 바른	
대담한, 모험심		낙천적인		꼼꼼하고 철저한		안정적인	
예술적인		리더십이 있는		배려하는		인내심이 있는	
관대한		강인한		믿음직한		개성이 강한	
소신 있는		감정적인		봉사하는		상냥한	
협조적인		재치 있는		양심이 있는		사교적인	
사교적인		의사결정이 빠른		지지적인		기타(　　　)	
성실한		능동적인		꾸밈 없는		기타(　　　)	

활 동 3

1. 좋은 성과를 얻게 된 나의 장점은 어떤 것이 있는가?

2. 나의 장점을 통해 좋은 성과를 얻게 된 사례를 찾아 기술해보자.

제2절 자기지각과 자아 구성요소

1. 자기지각

자기지각, 즉 나를 안다는 것은 자신의 가치, 신념, 상정, 태도 등을 아는 것을 넘어서 이것들이 자신의 행동에 어떻게 영향을 미치는가를 아는 개념이다.

한 사람이 직업인으로서 자신이 원하는 직업을 갖고 그 일을 효과적으로 수행하기 위해서는 장기간에 걸친 치밀한 준비와 노력이 필요하며, 자신을 분명하게 아는 것이 선행되어야 이러한 준비와 노력이 적절히 이루어질 수 있다. 즉 직업인으로서 자아인식이란 다양한 방법을 활용하여 자신이 어떤 분야에 흥미가 있고, 어떤 능력의 소유자이며, 어떤 행동을 좋아하는지를 종합적으로 분석하여 이해하는 것이다.

자기를 지각하고 그 지각된 내용을 체계화시킴으로써 자신을 존중하고 자신을 가치 있다고 여기는 동시에 자신의 한계를 인식하고 이를 더 보완해야 되겠다는 욕구를 가질수 있도록 해준다. 이러한 자아인식 노력은 자아정체감을 확인시켜 주며 동시에 자기개발의 토대가 된다.

2. 자아 구성요소

자아(自我)는 자기 자신, 나를 일컫는 말이다. 또한 스스로 자신의 존재를 인식하고, 타인과 자기 외부에 대해서 판단하고 행동하는 독립체라고 할 수 있다. 자아를 구성하는 요소는 학자마다 다르게 분류하고 있는데, 이는 자아가 환경이나 교육에 따라 변화하기도 하며, 여러 차원의 복잡한 구조를 가지고 있기 때문이다. 자아는 대표적으로 자신의 내면과 외면으로 나누어 구분해볼 수 있다.

① 내면적 자아는 자신의 내면 안에 있는 적성, 흥미, 성격, 가치관 등이며 측정하기 어렵고 자신이 표현하지 않으면 타인은 절대 알 수 없는 영역이다.

② 외면적 자아는 자신의 외면을 구성하는 외모, 나이, 태도 등으로 타인이 쉽게 판단할 수 있는 영역이다.

제3절 자아인식의 다양한 방법

자신을 인식하는 방법으로는 다음 그림과 같이 내가 아는 나를 살펴보고 타인과의 커뮤니케이션, 표준화된 검사 등을 통하여 알 수 있다.

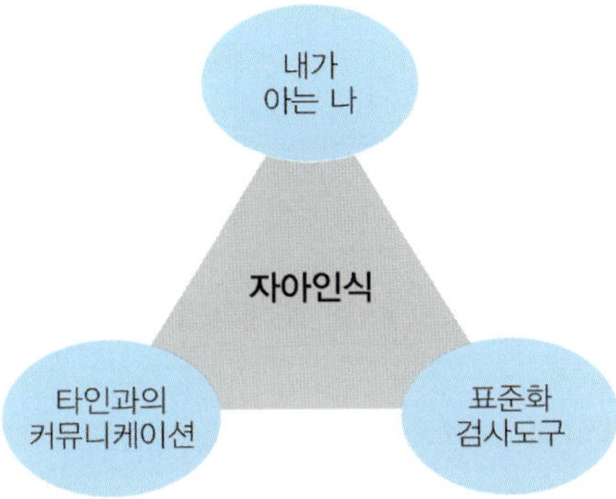

[그림 4-3] 자아인식의 다양한 방법

1. 스스로 인식하는 법

1) 조해리의 창(Johari's Window)

조셉과 해리라는 두 심리학자에 의해 만들어진 '조해리의 창(Johari's Window)'은 자신과 다른 사람의 두 가지 관점을 통해 파악해 보는 자기인식 또는 자기이해의 모델이다. 조해리 창을 통해보면, [그림 4-4]와 같이 자신을 공개된 자아, 눈먼 자아, 숨겨진 자아, 아무도 모르는 자아로 나누어 볼 수 있다. 이처럼 보다 객관적으로 자신을 인식하기 위해서는 내가 아는 나의 모습 외에 다른 방법을 적용할 필요가 있다.

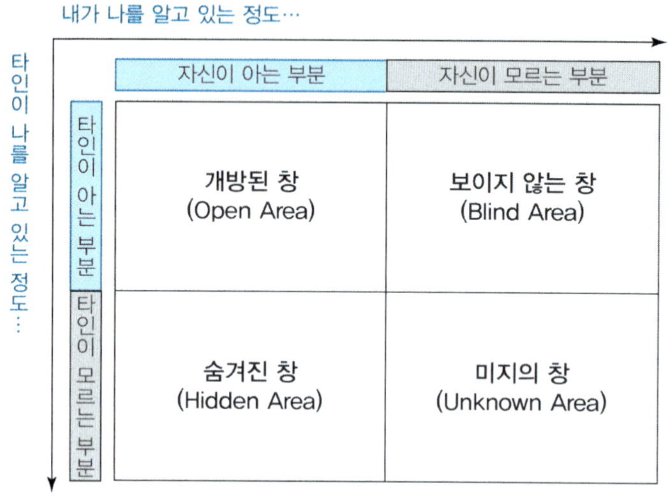

[그림 4-4] 조해리의 창

조해리의 창은 네 가지의 마음 의 창을 나타낸다.

개방된 영역(Open area)은 자신도 알고 타인도 알고 있는 영역으로 소통이 원활하다. 보이지 않는 영역(Blind area)은 자신은 모르고 타인만 아는 영역으로 타인의 피드백을 적극 수용해야 한다. 숨겨진 영역(Hidden area)은 자신만 아는 영역으로 남들이 모르게 주로 집에서 나타나는 성격들이다. 미지의 영역(Unknown area)은 나도 모르고 타인도 모르는 무의식의 세계로 이 영역이 넓으면 깊이 자아성찰을 해보아야 한다. 객관적인 자신을 인식하기 위해서 내가 아는 나의 모습 외에 타인과의 커뮤니케이션, 표준화된 검사 등 다른 방법을 적용할 필요가 있다.

2) 내가 아는 나를 확인하기

자아를 인식하는 방법 중에 자신을 스스로 아는 것은 객관적으로 알 수 없는 한계를 지니기도 하지만 다른 사람이 알 수 없는 내면이나 감정을 알 수 있다는 특징을 가진다. 다음과 같은 질문을 통해 향후 직업인으로서 '내가 아는 나'를 확인할 수 있다.

- 나의 성격이나 업무수행에 있어서 장단점은 무엇일까?

- 현재 내가 담당하는 업무를 수행하기에 부족한 능력은 무엇인가?
- 내가 관심을 가지고 열정적으로 하는 일은 어떤 것이 있을까?
- 나는 직장생활에서 어떤 목표를 가지고 있는가? 이것들은 가치로운 것인가?
- 내가 생각하는 바람직한 상사, 동료 및 부하직원은 어떻게 행동하는가?
- 내가 오늘 하고 있는 일(직장, 학교 등)을 그만둔다면, 나는 어떤 일을 새로 시작할까?

2. 다른 사람과의 커뮤니케이션

1) 객관적인 타인의 시각에서 바라본 나의 모습

- 직장에서 '나'하면 떠오르는 이미지는 무엇인가?
- 직장생활에서 나의 장단점은 무엇인가?
- 내가 어떤 업무 분야에서 탁월한 성과를 보였는가?
- 나에게 미래 성장 가능성이 있다고 생각하고 있는가?

> 자신이 보는 자아와 다른 사람이 보는 모습이 일치할수록 그만큼 다른 사람들과의 의사소통이 쉽고 안정적이며 좋은 관계를 유지할 수 있다. 반면, 다른 사람이 보는 자신의 모습이 자신이 보는 모습과 다를수록 의사소통이 어려워지고 갈등이 높아진다.
> 다른 사람들과의 대화를 통해서 내가 지나치고 넘어갔던 부분을 알게 되고 다른 사람이 나의 행동을 어떻게 판단했는지 객관적으로 알 수 있다. 주변 사람들과의 대화를 통해 내가 몰랐던 내 자신을 발견하는 중요한 수단이 된다.

사례연구 1

실제 나의 이미지는?

내가 생각하는 나의 이미지와 다른 사람이 생각하는 나의 이미지는 다를 수가 있다.
00학과의 과대인 B군은 1학년 때부터 학과대표로 학과의 많은 일을 하였다. 자신은 평소 활달하며 교수들과도 관계가 좋고 듬직하고 자신감 있는 모습과 리더십으로 학과의 학생들이 본인을 다 인정하고 좋아하는 것으로 생각을 하였다. 그런 B군은 방학 때 학교 리더십 캠프 프로그램 중 관계평가에서 본인의 모습을 다시 발견했다.
평소 독단적이고 고집스러운 모습으로 학우들을 대하는 것으로 나타나 자신이 생각한 나의 모습과 학우들이 생각한 나의 모습이 다르다는 것을 알게 된다. 이유는 1학년부터 과의 대표를 맡으면서 자신도 모르게 자만심이 생겨 다른 사람이 생각하는 나를 알지 못했기 때문이다.

위의 〈사례 1〉에 대한 다음 질문에 대하여 각자의 생각을 정리하고, 자신의 의견을 팀원들과 공유하여 보자.

1. 저를 평소에 어떻게 생각하나요?

2. 학교생활에서 저의 장점은 무엇이라고 생각하나요?

3. 학교생활에서 저의 단점은 무엇이라고 생각하나요?

활 동

다른 사람들에게 나에 대하여 다음의 질문을 해보고 긍정적인 의견과 부정적인 의견을 작성해보자. 그리고 이중에 자신이 동의하는 것에는 '○', 동의하지 않는 것에는 '×'를 표시해보자. 또한 다른 사람이 생각하는 것 외에 자신이 생각하는 나의 특징이나 장단점을 알아보자.

부정적인 의견

		동의 여부
1		
2		
3		
4		
5		
6		

긍정적인 의견

		동의 여부
1		
2		
3		
4		
5		
6		

내가 본 나

1	
2	
3	

3. 표준화검사 도구

자아인식의 한 방법으로 표준화된 검사 도구를 활용하는 방법이 있다. 표준화된 검사 도구는 객관적으로 자아특성을 다른 사람과 비교해볼 수 있는 척도를 제공한다. 각종 검사 도구를 활용하여 자신을 발견하는 일은 자신의 진로를 설계하고, 직업을 구하며, 자신에게 맞는 일을 찾아가는 데 도움을 줄 수 있다.

최근에는 인터넷을 통해 표준화된 검사 도구를 손쉽게 이용할 수 있다. 온라인으로 할 수 있는 심리검사는 다음과 같다. 자신의 흥미와 적성을 잘 알지 못하는 경우 다음의 사이트 중 하나를 선택하여 표준화된 검사 도구를 통해 자신의 특성을 파악해볼 수 있다. 또한 자신의 직업에게 적합한 흥미와 적성을 알아보고, 이를 개발하기 위한 노력을 기울일 수 있다.

표준화된 검사 도구는 객관적으로 자아특성을 다른 사람과 비교해볼 수 있는 척도를 제공

- 커리어넷(www.career.go.kr): 직업흥미검사, 직업적성검사, 직업가치관검사
- 워크넷(www.work.go.kr): 직업흥미검사, 적성검사, 직업가치관검사, 직업인성검사
- 한국행동과학연구소(www.kirbs.re.kr): 적성검사, 인성검사, 직무지향성검사
- 한국심리검사연구소(www.kpti.com): MBTI, STRONG 진로탐색검사, 직업흥미검사, AMI 성취동기검사
- 한국적성연구소(www.juksungtest.co.kr): 진로흥미검사, 적성특성종합검사, 일반적성검사, 진로탐색검사
- 중앙적성연구소(www.cyber-test.co.kr): 생애진로검사, 학과와 직업적성검사, GATB적성검사, 적성진단검사
- 한국사회적성개발원(www.qtest.co.kr): KAD(Korean Aptitute Development) 검사, 인성검사, 인적성검사
- 한국직업능력개발원(www.career.go.kr): 직업흥미검사, 직업적성검사, 직업가치관검사, 주요 능력효능감검사, 진로개발준비도검사, 진로성숙도검사 등
- 고용노동부(www.work.go.kr): 직업흥미검사, 직업적성검사, 직업가치관검사, 직업선호도검사 등
- (주)어세스타(www.assesta.com): MBTI 성격 유형검사, STRONG 직업흥미검사, CPI 성격측정도구 등

학습평가

01 다음 중 올바른 자아인식능력의 효과에 해당하지 않는 것은 무엇인가?

① 나는 부족한 부분을 조금 더 노력하면 업무의 성과를 올릴 수 있다고 믿는다.
② 새로 맡은 업무에 대한 흥미가 느껴지며 이 업무를 통해 더 성장할 수 있는 기회가 될 것 같다.
③ 나는 이 회사에 와서 내가 일을 잘 하고 있는지 모르겠고 어떤 것을 개발해야 할지 고민이 된다.
④ 일의 능률을 높이려고 노력한 결과 나도 성장했지만 팀의 성과도 향상되었다.

02 자아는 내면적 자아와 외면적 자아가 있다. 다음 설명 중 옳지 않은 것은?

① 내면적 자아는 겉으로 들어나지 않는 정신적인 것이다.
② 외면적 자아는 내면적인 자아의 표현이므로 내면적 자아의 총체이다.
③ 외면적 자아는 외면으로 보여지는 능력, 직업, 사회적 지위, 외모, 태도, 이미지의 총제이다.
④ 내면적 자아는 자신의 흥미, 적성, 성격, 가치관 등이며 자신이 표현하지 않으면 타인은 알 수 없다.

03 다음은 자아인식 또는 자기이해의 모델로 자기개방모형인 '조해리의 창'에 대한 설명이다. (　　　) 안에 들어갈 적절한 용어를 적으시오.

> 조해리의 창은 마음의 창문이라는 자기인식 또는 자기이해의 모델로 자기개방모형이며 다음 네 가지 마음의 창을 나타낸다.
> (　　　)은 자신도 알고 타인도 알고 있는 영역으로 소통이 원활하다.
> 보이지 않는 영역(Blind area)은 자신은 모르고 타인만 아는 영역으로 타인과의 적극적인 커뮤니케이션을 하고 상대방의 피드백을 적극 수용해야 한다.
> 숨겨진 영역(Hidden area)은 자신만 아는 영역으로 남들이 모르게 주로 집에서 나타나는 성격들이다.

04 다음은 자아인식의 한 방법으로 활용하는 방법에 대한 설명이다. (　　) 안에 들어갈 적절한 용어를 적으시오.

> 자아인식의 한 방법으로 (　　) 도구를 활용하는 방법이 있다. (　　) 도구는 객관적으로 자아 특성을 다른 사람과 비교해볼 수 있는 척도를 제공한다.

학습 내용 요약

1. 직업인으로서 자아인식이란 다양한 방법을 활용하여 자신이 어떤 분야에 흥미가 있고, 어떤 능력의 소유자이며, 어떤 행동을 좋아하는지를 종합적으로 분석하는 것이다.
2. 자아인식능력의 의미는 직장에서의 자신에 대한 요구를 파악하고 다양한 방법으로 자신의 강점과 약점, 흥미, 적성, 특징 등을 종합적으로 분석하여 자신을 이해하고 자신의 가치를 찾는 것이다.
3. 나를 안다는 것은 자신의 가치, 신념, 태도 등을 아는 것을 넘어서 이것들이 자신의 행동에 어떻게 영향을 미치는가를 아는 개념이다.
4. 자아 구성요소로는 내면적 자아와 외면적 자아가 있으며, 자신을 인식하는 방법으로는 자신이 아는 자신을 살펴봄으로써, 타인과의 커뮤니케이션을 통하여, 표준화된 검사를 통하여 알 수 있다.
5. 조셉과 해리라는 두 심리학자에 의해 만들어진 '조해리의 창(Johari's Window)'은 자신과 다른 사람의 두 가지 관점을 통해 파악해 보는 자기인식 또는 자기이해의 모델이다.

Chapter

05

일과 관련된 나의 특성 파악

학습목표

1. 흥미와 적성의 개념을 설명할 수 있다.
2. 홀랜드의 6각형 모형을 적용하여 나의 흥미를 파악할 수 있다.
3. 직업적성검사를 적용하여 나의 적성을 파악할 수 있다.
4. 나의 장점을 파악할 수 있다.
5. 흥미와 적성의 개발방법을 설명할 수 있다.

주요용어

흥미	적성	홀랜드의 6각형 모형
직업적성검사	장점	개발방법

미리보기

직업을 선택했을 때 자신의 적성에 맞는 직업이라면 최고의 능력을 발휘할 수 있어 성공할 가능성이 높다.

제5장에서는 일과 관련된 나의 특성을 파악하기 위해 직업흥미와 적성에 대하여 살펴본다. 먼저 흥미와 적성에 대한 의미를 학습한다. 그리고 홀랜드의 6각형 모형을 적용하여 나의 흥미를 파악하고 직장인으로서 나는 어떠한 장점을 가지고 있는지 분석하여 본다. 마지막으로 흥미와 적성의 개발방법에 대하여 탐구한다.

제1절 직업 흥미

1. 흥미의 이해

개인의 진로를 결정하는 데 가장 도움을 줄 수 있는 활동 중의 하나는 먼저 자신이 좋아하는 일을 찾는 것이다. 이를 위해서는 자신의 흥미가 무엇인지를 알아보는 것이 바람직하다. 흥미가 있으면 그것을 위해 시간을 내게 되고 경험을 통해 더 확실해지기 때문이다.

흥미는 '어떤 일을 하고 싶다', '하기 싫다'와 같이 개개인의 성격 특성을 의미한다. 물론 흥미와 일치하지 않는 일을 하면서 살아갈 수 있다. 하지만 일을 통해서 행복을 추구하고 자아실현을 하고 싶다면 자신이 좋아하는 일이 무엇인지를 분명하게 아는 것이 중요하다.

따라서 직업을 선택할 때는 자신이 좋아하고, 하고 싶은 분야를 선택하는 것이 매우 중요하다. 자신이 하고 싶은 일을 할 때 더욱 행복하고, 일에 대한 성취감을 느낄 수 있으며, 그 분야에서 성공할 가능성이 높다는 것이다.

2. 홀랜드의 6각형 모형

흥미에 대한 이해는 홀랜드(Holland) 이론에 기초를 두고 있다. 홀랜드는 흥미 6각형 모형으로 개인과 환경과의 적합성 이론을 설명해준다. 홀랜드는 진로탐색의 범위와 관점을 좁히는 하나의 방법을 제공하였다. 즉, 여섯 가지 성격 유형과 거기에 적합한 여섯 가지 기본적 직업 환경을 제안한 홀랜드 이론은 첫째, 대부분의 사람들은 여섯 가지 성격 유형인 현실형(Realistic), 탐구형(Investigative), 예술형(Artistic), 사회형(Social), 진취형(Enterprising), 관습형(Conventional)으로 설명될 수 있다. 둘째, 직업환경 역시 현실적, 탐구적, 예술적, 사회적, 진취적, 관습적 환경으로 분류될 수 있다. 셋째, 사람들은 자신에게 맞는 환경을 찾는다. 즉, 자신의 기술과 능력을 발휘하고, 태도와 가치를 표현하며, 자신에게 맞는 역할을 수행할 수 있는 환경을 찾는다. 넷째, 개인의 성격 특성과 직업환경의 상호작용이 행동으로 나타난다. 개인의 성격 유형과 적합한 직업환경을 가질수록 개인의 직무만족, 장기근속, 성취 등에 긍정적인 영향을 미치고 있음을 예측할 수 있음을 가정하고 있다.

만약 사람들이 육각형 모형에서의 현실형(R)과 일치하는 직업은 손이나 도구들을 사용하여 일하는 것이고, 탐구형(I)과 일치하는 직업은 아이디어와 연구하는 분야에서 일하는 것이며, 예술형(A)과 일치하는 직업은 예술적인 분야에 일하는 것이고, 사회형(S)은 사람들과의 관계를 다루는 일에 더 끌리며, 진취형(E)은 사람들을 설득하여 물건을 팔거나 영향을 끼치는 일에 끌리고, 관습형(C)은 꼼꼼한 성격의 일을 하는 데 끌린다는 것이다.

이제 여러분은 자신의 진로선택을 위해 최상의 결정을 이끌어 낼 중요한 발걸음을 내딛기 위한 경험이 필요하다. 지금 당장 중요한 결정과 선택을 하려고 하기보다는 자신의 진로 계획을 위해서 자기탐색에 초점을 두고, 새로운 활동을 시도하며, 자신의 장점과 선호를 평가해보는 것이 좋다.

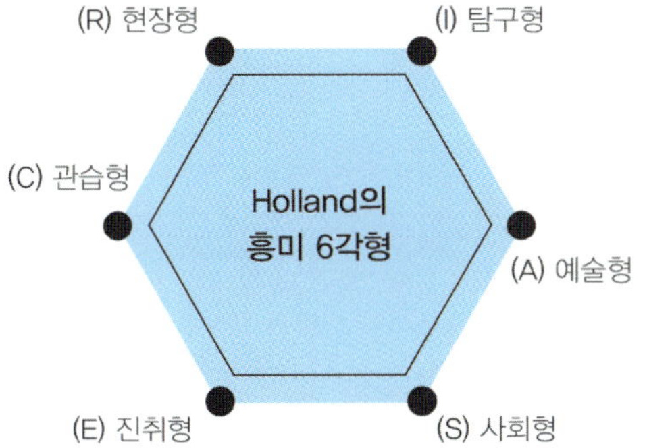

[그림 5-1] Holland의 흥미 6각형 모형

활 동

오늘 육각형 모양의 아름다운 정원에서 6가지 성격 유형의 사람들이 각각 파티에 초대되었습니다. 여러분은 즐거운 파티가 되도록 자신의 파티 옷을 입고 기쁘고 솔직한 마음으로 참여해 보세요. 먼저 6가지 성격 유형을 잘 읽어 봅시다.

6가지 흥미를 읽고 나는 어떤 유형인지 알아보자.

R(현실형)	I(탐구형)
몸으로 부대끼는 활동을 좋아하며, 동물, 도구, 기계를 가지고 일하는 것을 좋아한다. 남성적이며 솔직, 성실, 검소하고 소박하며 말이 적다. 교육적인 활동이나 치료적인 활동은 좋아하지 않는다. <대표적인 직업> 군인, 엔지니어, 요리사, 경찰관, 소방관, 운동선수, 조경사, 정비사, 환경영향평가사 등	사람보다는 아이디어를 추구하며 추상적인 지능을 소유한다. 관찰적, 상징적, 체계적으로 수학, 과학문제를 풀고 연구하는 것을 좋아한다. 탐구심이 많고 지적 호기심이 많으며 비판적, 내성적이고 신중하다. <대표적인 직업> 과학자, 생물학자, 화학자, 의사, 소프트웨어기술자, 언어치료사, 생명공학연구원 등
A(예술형)	**S(사회형)**
창의력을 지향하며, 변화와 다양성을 선호하고 새로운 방법으로 자신을 표현하는 직업을 선호한다. 상상력이 풍부하고, 감수성이 강하며 개방적이다. 틀에 박히고 구조화된 활동은 좋아하지 않는다. <대표적인 직업> 예술가, 작곡가, 음악가, 문학가, 디자이너, 게임개발자, 시나리오작가, 이벤트PD, 시각디자인 등	다른 사람들과 함께 일하고, 타인의 문제를 듣고, 이해하고, 도와주는 봉사활동에 흥미를 보이고, 봉사적, 감정적, 이상주의적이다. 질서 정연하고 체계적인 활동에는 관심이 없다. <대표적인 직업> 사회복지사, 교육자, 간호사, 상담심리학자, 특수아동교사, 피부관리사, 레포츠지도사 등
E(진취형)	**C(관습형)**
조직의 목적과 경제적인 이익을 위해 타인을 선도, 계획, 통제 관리하는 일을 선호한다. 정치, 리더십, 사업에서의 성공에 가치를 둔다. 말을 잘하고 설득적이며 경쟁, 야망, 열정적이다. 상징적, 체계적 활동에는 관심이 없다. <대표적인 직업> CEO, 정치인, 검사, 딜러, 쇼호스트, 손해사정인, 호텔사무원, 경매사, 펀드매니저, 주식투자자 등	정해진 원칙과 잘 짜여진 구조에서 일을 잘하고, 세밀하고 꼼꼼한 일을 잘한다. 체계적인 작업환경에서 사무적, 계산적 능력을 발휘하는 활동을 좋아한다. 완고하며 책임감이 강하다. 변화, 창의적, 자율적, 모험적인 활동은 혼란을 느낀다. <대표적인 직업> 공인회계사, 법무사, 은행원, 감정평가사, 세무사, 경리사무원, 정보전문가 등

위에 6가지 유형의 사람들 중에서 가장 마음에 끌리고 함께하고 싶은 2가지 유형을 골라 순위대로 써보자.

R (현실형)	I (탐구형)	A (예술형)	S (사회형)	E (진취형)	C (관습형)

※ 마음에 끌리는 대로 선택한 2개가 자신의 흥미코드가 된다.

제2절 직업 적성

1. 적성이란

적성이란 '개개인이 가지고 있는 잠재적인 능력'에 대한 '예측적인 가능성'이라고 간단하게 말할 수 있다. 적성은 훈련을 통해 만들어진 소질적인 능력이다. 즉, 잘할 수 있는 일을 능숙하게 처리할 수 있는 능력을 말한다.

적성은 개인차가 있으며 미래에 대한 가능성을 나타낸다. 개인차가 존재하지만 사람마다 남과 다른 소질이 존재하므로 그러한 소질을 발견하고 개발시켜나가는 것이 중요하다. 적성은 타고나는 면도 있지만, 타고난 적성을 익히고 훈련시킴으로써 더욱 좋은 성과를 낼 수 있다.

따라서 자신의 진로를 결정할 때도 적성에 맞는 직업을 선택하는 것이 바람직하다. 자신의 적성에 맞는 직업을 선택했을 때, 선택한 직업에서 최고의 능력을 발휘할 수 있어 성공할 가능성이 높기 때문이다. 사람들은 직업을 선택할 때 회사규모, 임금수준, 대중적인 인기 등 외적인 측면만 보고 회사를 선택하여 적성에 맞지 않아 이직을 하거나 조기 퇴직하는 경우가 종종 있다. 이는 매우 잘못된 생각이다. 그렇기 때문에 이러한 생각을 바로 잡고 자신이 꿈을 이루고자 하는 터전에서 성공의 씨앗을 키울 수 있게 하기 위해 적성을 알아볼 필요가 있다.

2. 직업적성검사

기업들은 과거에 입시전형으로 시행되었던 필기시험 대신에 우수한 인재를 파악하기 위해 직무적성검사를 실시하고 있다. 대부분의 기업이 우수한 인재를 채용하기 위해 개인차를 균일하게 알아볼 수 있는 직무적성검사를 시행한 후, 회사가 요구하는 일정 수준에 통과하면 면접을 실시한다. 또한 지원한 직종에서 직무수행의 적절성을 판단하는 자료와 부서배치의 자료로도 활용하고 있다. 다음은 노동부 워크넷(http://www.work.go.kr)에서 실시하고 있는 직업적성검사

결과에 대한 적성요인별 점수 비교표이다.

구분	언어력	수리력	추리력	공간 지각력	사물 지각력	상황 판단력	기계 능력	집중력	색채 지각력	사고 유창력	협응 능력
적성점수	115	90	107	70	147	136	89	130	110	77	107
수준	상	중하	중상	최하	최상	최상	중하	최상	중상	최하	중상

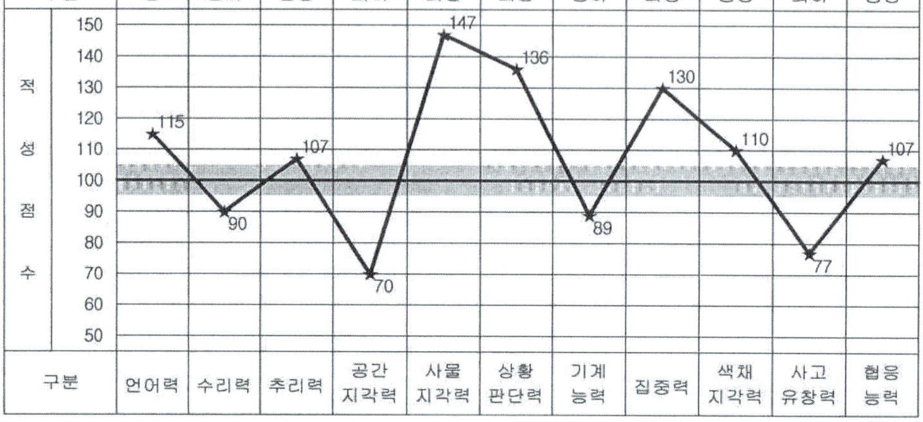

[그림 5-2] 적성요인별 점수비교표

〈표 5-1〉 직업적성검사 점수 기준표

구분	점수	내용
최상	120점 이상	당신의 능력은 상위 10% 이내
상	112~119점	당신의 능력은 상위 11~20% 사이
중상	100~111점	당신의 능력은 상위 21~50% 사이
중하	88~99점	당신의 능력은 하위 21~49% 사이
하	81~87점	당신의 능력은 하위 11~20% 사이
최하	80점 이하	하위 10% 이내

〈표 5-2〉 **11가지 적성요인별 분석표**

적성요인	내용	적합 직업
언어력	언어력은 어휘력과 문장 독해를 측정, 일상생활에서의 다양한 단어의 의미와 문장들의 내용을 바르게 파악하는 능력	인터넷 관련 전문가, 전자 및 통신공학기술자, 손해사정인, 일반관리자 등
수리력	수리력은 계산력과 자료해석력을 측정, 수리적 문제를 풀고, 통계적 자료들의 의미를 정확하게 해석하는 능력	기계공학기술자, 물리/화학/생물전문가, 초등학교교사, 공인회계사 등
추리력	추리력은 수열추리, 도형추리력을 측정, 주어진 정보를 이용하여 서로의 관계를 논리적으로 추론해 내는 능력	컴퓨터프로그래머 및 시스템엔지니어, 세무사, 수학자, 통계학자 등
공간지각력	공간지각력은 지도보고 위치 찾기, 조각 맞추기, 그림 맞추는 능력을 측정, 공간 속에서 위치나 방향을 정확히 파악하는 능력	화가 및 만화가, 사진가, 촬영기사 등
사물지각력	사물지각력은 지각속도를 측정, 서로 다른 사물들 간의 유사한 점이나 차이점을 정확하게 지각하는 능력	음식제조 관련 직업, 유치원, 교사, 건축 관련 직업 등
상황판단력	상황판단력은 상황판단능력을 측정, 문제의 갈등상황에서 이를 해결하기 위한 바람직한 대안을 판단하는 능력	속기사, 운전 관련 직업, 직업상담원 등
기계능력	기계능력은 기계적성을 측정, 기계의 작동 원리나 사물의 운동 원리를 정확하게 이해하는 능력	산업공학기술자, 정비사, 기계공학기술자 등
집중력	집중력은 집중력을 측정, 작업을 방해하는 환경에서도 정신을 한곳으로 집중하여 문제를 해결할 수 있는 능력	성우, 아나운서, 광고/조사/컨설팅 전문가, 대인서비스 관련 직업 등
색채 지각력	색체지각력은 색 구별, 색 혼합을 측정, 서로 다른 색들을 정확히 구분하고 서로 다른 색의 혼합 결과를 판단하는 능력	음악 관련 직업, 영양사, 디자이너, 미용 관련 직업 등
사고유창력	사고유창력은 용도 찾기, 상상하기를 측정, 짧은 시간 내에 많은 아이디어를 만들어 내는 능력	소방관, 기자 및 작가, 건축설계기술자, 경찰관, 직업군인, 번역전문가 등
협응능력	협응능력은 기호 쓰기를 측정, 손과 눈의 협응 속에 세밀한 작업을 빠른 시간 내에 정확히 해내는 능력	레크리에이션지도자, 영업사원, 미용 관련 직업, 체육지도자 및 무용가 등

사례연구 1

나는 3시간만 자고 연습에 몰두했다. 새벽 5시에 일어나서 연습했고, 밤 12시가 넘어도 연습실로 늘 향했다. 부상을 당했을 때도 연습은 계속되었다. 침대에서 일어나지 못하는 상태가 아니면 계속 연습실로 향했다. 나는 우리 발레단에서 가장 나이가 많은 사람이지만 가장 오랫동안 깨어 있는 사람이다. 그렇기에 게으른 사람은 무엇인가 하기 어렵다는 말을 하고 싶다. '나는 저 사람보다 부족하다'라는 생각에서 벗어나야 한다. 노력하면 노력할수록 발전할 수 있다. 물론 능력도 중요하다. 그러나 능력보다 중요한 것은 연습이다. 같은 동작도 계속해서 연습하면 다른 의미를 읽을 수도 있다.

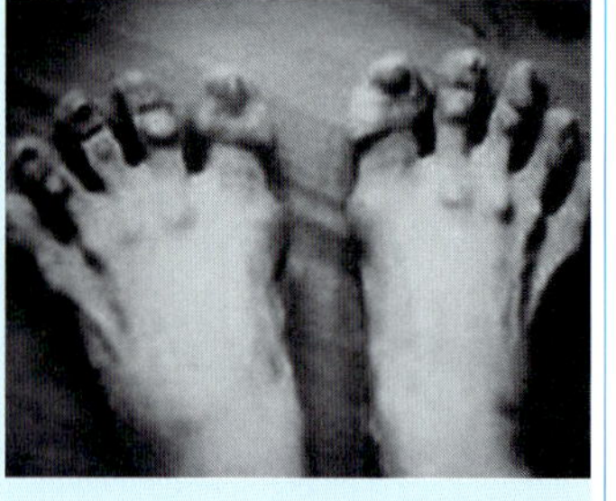

〈"발" - 영광의 상처〉

–강수진(이화여대 특강 중)

위의 사례처럼 나의 능력보다 노력을 통해 얻어낸 사례가 있으면 작성하여 팀원들과 공유하여 보자.

잘할 수 있는 것		좋은 성과를 만들어 내기 위한 노력
1		
2		
3		

제3절 흥미와 적성 개발

1. 나의 장점 찾기

사람들은 누구나 자신만의 장점을 가지고 있다. 그렇지만 많은 사람들은 자신의 장점을 발견하지 못하고 지내는 경향이 있다. 자신의 장점을 발견하게 된다면 자신이 사회에서 얼마나 귀중하고 가치 있는 존재인지를 알게 될 것이다. 장점과 능력을 구분하는 것은 어려울지 모른다. 능력은 훈련을 통해서 습득되는 경우가 많지만, 장점은 대부분 자신의 자율적 의지에 의해 형성된다. 어려운 이웃을 도와주는 것, 돈을 주워 주인을 찾아주는 것, 서로 배려하고 협조하는 것 등 이러한 것들은 모두 자율의지에 의해서 생겨나는 것이다.

누구나 자기만의 장점을 가지고 있다. 더욱이 자신의 의지에 따라 결단을 내리고 노력한다면 더 많은 장점을 가질 수 있다. 사람들은 좋은 장점을 많이 가지고 있음에도 불구하고 아무런 장점이 없는 것처럼 말하곤 한다. 과거에는 겸손이 미덕이라고 했지만, 지금은 자신의 장점을 알려 사회로부터 인정을 받고 정정당당하게 승부할 줄 알아야 한다. 자기 스스로 장점이 없고 아무런 가치가 없는 사람이라고 자신을 부정하거나 평가절하하면 남들도 그렇게 보기 쉽다. 자신도 깨닫지 못하거나 모르고 지내는 장점을 여러분도 가지고 있다. 자신의 장점을 꾸준히 찾아 활용해야 하는 데, 그러기 위해서는 무엇보다도 장점을 찾고자 하는 의지가 중요하다.

2. 흥미와 적성 개발

흥미와 적성은 개발될 수 있다. 흥미는 일에 대한 관심이나 재미를 의미하며, 적성이란 개인이 잠재적으로 가지고 있는 재능, 개인이 보다 쉽게 잘 할 수 있는 일을 의미한다. 흥미와 적성은 개인에 따라서 다르기 때문에 각자 관심을 가지고 잘 할 수 있는 일이나 분야는 다르게 된다.

사람들은 흥미나 적성을 절대적인 것으로 생각하는 경향이 있다. 그러나 꾸준한 연습으로 흥미나 적성은 개발할 수 있으므로 경험을 통해 자신의 흥미나 적성을 발견하고 이를 적극적으로 개발하려는 노력이 필요하다.

직장생활에서는 자신의 흥미나 적성과 맞지 않는다고 하여 현재까지 해왔던 일을 그만둘 수 없을 때가 많다. 따라서 자신이 처한 상황과 업무에 맞춰 흥미나 적성을 개발하는 노력을 강구해야 한다.

1) 마인드컨트롤을 해라

마인드컨트롤을 통해 자신을 의식적으로 관리하는 방법을 깨닫게 되면 문제상황을 해결할 수 있게 된다. 실제로 이러한 자기마음의 관리는 학습능력 향상, 잠재능력개발, 집중력 향상, 발표력 향상 및 다양한 심리치료에 효과적으로 적용된다. '나는 이 일을 잘할 수 있다', '나는 지금 주어진 일이 적성에 맞는다'라고 생각해보자. 지속적인 자기암시를 하다보면 자신도 모르는 사이 자신감을 얻게 되고 흥미나 적성을 가지게 될 것이다.

2) 조금씩 성취감을 느껴라

일을 할 때에 너무 큰 단위로 하지 않고 작은 단위로 나누어 수행한다. 작은 성공의 경험들이 축적되어 자신에 대한 믿음이 강화되면 보다 큰일을 할 수 있게 된다. 그리고 하루의 일과가 끝나면 자신이 수행한 결과물을 점검해본다. 누구나 자신이 성취한 일을 보면 만족감을 느끼고 자긍심이 생긴다. 그러다보면 점점 일의 성취감을 높이게 되며 다음에 할 일에도 흥미를 더 가지게 되어 더 그 일을 잘 하게 될 것이다.

3) 기업의 문화 및 풍토를 고려해라

흥미나 적성검사를 통해 자신에게 알맞은 직업을 도출할 수 있지만, 이러한 결과가 그 직업에서의 성공을 보장해주는 것은 아니다. 실제적으로 직장에서는 직장문화, 풍토 등이 있어서 아무리 자신에게 맞는 직업을 선택했다고 하더라도 이러한 외부적인 요인에 의해 적응을 하지 못하는 경우가 발생할 수 있다. 따라서 흥미와 적성을 개발하기 위해서는 기업의 문화와 풍토를 고려하여야 한다.

활 동

다음은 직업을 선택함에 있어서 일상생활에서 중요하게 영향을 미칠 수 있는 장점에 대한 항목들이다. 제시된 단어들을 읽고 자신을 잘 표현하고 있는 항목에 모두 체크해보고, 나의 장점으로 좋은 성과를 얻게 된 사례를 작성해보자.

열성적인		이성적인		목표 지향적인		꿈이 많은	
활동적인		신사적인		동료애가 있는		독창적인	
자립심이 강한		근면한		조직적인		정확한	
융통성 있는		유머가 있는		독립적인		책임감 강한	
합리적/논리적인		경쟁적인		친절한		예의 바른	
대담한, 모험심		낙천적인		꼼꼼하고 철저한		안정적인	
예술적인		리더십이 있는		배려하는		인내심 있는	
관대한		강인한		믿음직한		개성이 강한	
소신 있는		감정적인		봉사하는		상냥한	
협조적인		재치 있는		양심이 있는		사교적인	
사교적인		의사결정이 빠른		지지적인		기타(　　　)	
성실한		능동적인		꾸밈 없는		기타(　　　)	

나의 장점으로 좋은 성과를 얻게 된 사례

1. 좋은 성과를 얻게 된 나의 장점은 어떤 것이 있는가?

2. 나의 장점을 통해 좋은 성과를 얻게 된 사례를 찾아 기술해보자.

학습평가

01 흥미와 적성은 개발될 수 있다. 따라서 자신이 처한 상황과 업무에 맞춰 흥미나 적성을 개발하는 노력을 강구해야 한다. 다음은 흥미와 적성 개발과 관련이 없는 것은?

① 마인드컨트롤을 통해 자신을 의식적으로 관리하는 방법을 깨닫는다.

② 일을 할 때에 너무 큰 단위로 하지 않고 작은 단위로 나누어 수행하여 조금씩 성취감을 느낀다.

③ 기업의 문화와 풍토는 고려하지 않는다.

④ '나는 이 일을 잘할 수 있다.', '나는 지금 주어진 일이 적성에 맞는다.'고 지속적인 자기암시를 한다.

02 다음은 자신을 관리하기 위한 마인드컨트롤 능력에 대한 설명이다. 바르지 않은 것은?

① 부정적인 자기암시는 효과가 없다.

② 자기도 모르게 잠재의식에서 자기암시를 주고 있다.

③ 자신을 의식적으로 관리하는 방법으로 자기암시능력이 필요하다.

④ 긍정적인 자기암시는 잠재의식에서 자신이 바라는 것을 가꾸어 발전시킨다.

03 흥미와 적성을 개발하기 위한 방법 중에 다음의 설명과 관련된 방법은 무엇인지 괄호 속에 적어보자.

(　　)은 자신을 의식적으로 관리하는 방법으로 이 방법을 사용하여 문제 상황을 해결할 수 있다. 지속적으로 이 방법을 사용하다 보면 자신감을 얻게 되고 흥미나 적성을 개발할 수 있게 된다.

04 다음 설명이 무엇에 대한 내용인지 (A), (B)에 각각 들어갈 적절한 용어를 적어보자.

(A)란 일에 대한 관심이나 재미를 의미하며, (B)이란 개인이 잠재적으로 가지고 있는 재능, 개인이 보다 쉽게 잘 할 수 있는 일을 의미한다. (A)와 (B)이 사람마다 다르기 때문에 각자 관심을 가지고 잘할 수 있는 일이나 분야는 다르게 된다.

(A) = ______________, (B)=______________

학습 내용 요약

1. 흥미는 '어떤 일을 하고 싶다', '하기 싫다'와 같이 개개인의 성격 특성을 의미한다.
2. 흥미에 대한 이해는 홀랜드(Holland) 이론에 기초를 두고 있다. 홀랜드는 흥미 6각형 모형으로 개인과 환경과의 적합성 이론을 설명해준다.
   - 대부분의 사람들은 여섯 가지 성격 유형인 현실형(Realistic), 탐구형(Investigative), 예술형(Artistic), 사회형(Social), 진취형(Enterprising), 관습형(Conventional)으로 설명될 수 있다.
3. 적성이란 '개개인이 가지고 있는 잠재적인 능력'에 대한 '예측적인 가능성'이라고 간단하게 말할 수 있다. 적성은 훈련을 통해 만들어진 소질적인 능력이다. 즉, 잘할 수 있는 일을 능숙하게 처리할 수 있는 능력을 말한다.
4. 자신의 장점을 발견하게 된다면 자신이 사회에서 얼마나 귀중하고 가치 있는 존재인지를 알게 될 것이다.
5. 흥미와 적성은 자신이 처한 상황과 업무에 맞춰 노력을 강구하면 개발될 수 있다.

Chapter 06

경험의 반성적 성찰

학습목표

1. 반성적 성찰의 개념을 설명할 수 있다.
2. 성찰의 중요성 및 필요성을 설명할 수 있다.
3. 성찰을 연습하는 방법을 설명할 수 있다.
4. 성찰의 방법을 적용할 수 있다.
5. 자신감을 향상시키기 위한 방법을 적용할 수 있다.

주요용어

경험	성찰	성찰방법
자신감		

미리보기

어떤 일을 마친 후에 자신이 잘한 일은 무엇이고, 개선할 점은 무엇인지 깊이 생각해보는 것은 앞으로 다른 일을 해결해나가는 노하우를 축적할 수 있게 된다. 또한 다른 사람에게 신뢰감을 형성할 수 있고 창의적인 사고도 가능해지며 자신감도 더 높아진다.

이 장에서는 반성적 성찰이 왜 필요하고 중요한 것인지에 대하여 학습한다. 성찰을 하기 위해서는 어떻게 성찰연습을 하는지에 대한 방법을 살펴본다. 그리고 자신감을 향상시키기 위한 방법에 대하여 탐구한다.

제1절 반성적 성찰

직업인은 자신이 한 일에 대하여 성찰을 하면 앞으로 다른 일을 하는 데 필요한 노하우를 축적할 수 있으며, 성장의 기회를 마련할 수도 있다. 또한 다른 사람에게 신뢰감을 형성할 수 있고 창의적인 사고도 가능해진다. 이러한 성찰은 지속적인 연습의 과정으로 성찰노트를 작성하거나 끊임없이 질문하여 개발해야 한다.

1. 성찰의 중요성

- 다른 일을 하는 데 노하우가 축적된다. 어떤 일을 마친 후에 자신이 잘한 일은 무엇이고, 개선할 점은 무엇인지 깊이 생각해보는 것은 앞으로 다른 일을 해결해나가는 노하우를 축적할 수 있게 된다.
- 성장의 기회가 된다. 성찰을 통해서 현재의 부족한 부분을 알게 되고, 미래의 목표에 따라 매일매일 노력하게 된다면 지속적으로 성장할 수 있는 기회가 된다.
- 신뢰감을 형성할 수 있다. 성찰을 하게 되면 현재 저지른 실수에 대하여 원인을 파악하고 이를 수정하게 되므로, 다시는 같은 실수를 하지 않게 된다. 따라서 다른 사람에게 신뢰감을 줄 수 있다.
- 창의적인 사고를 가능하게 한다. 창의적인 사람은 따로 존재하지 않으며 창의력은 지속적인 사고를 통해서 신장될 수 있다. 새로운 것을 만들기 위해서는 생각을 해야 하며, 진정으로 창의적인 사람은 생각하기를 그치지 않는다. 성찰을 지속하다 보면 어느 순간 무릎을 탁 칠만한 창의적인 생각이 나오게 된다.

2. 성찰의 방법

성찰은 지속적인 연습의 과정이다. 성찰은 지속적인 연습을 통하여 보다 잘

할 수 있게 된다. 또한 연습이 이루어져서 습관화되면 중요한 일이 발생했을 때 기존에 성찰을 통해 축적한 노하우를 발현할 수 있다. 따라서 성찰을 연습하는 방법을 알아보도록 하자.

- 성찰노트를 작성한다. 매일 자신이 오늘 했던 일 중에 잘했던 일과 잘못했던 일을 생각해보고, 이에 대한 이유와 앞으로의 개선점을 아무 형식 없이 적어본다. 가끔은 광고지나 신문지에, 어떨 때는 수첩에 생각이 나는 대로 적어두자. 이것이 모이게 되면 자신의 역량을 향상시켜 줄 자신만의 자료가 될 것이다. 이를 위해 종이와 펜을 항상 가까이 둘 필요가 있다.
- 끊임없이 질문한다. 어떠한 일이 발생하면 다음과 같은 질문을 하는 습관을 들인다.
  - 지금 일이 잘 진행되거나 그렇지 않은 이유는 무엇인가?
  - 이 상태를 변화시키거나 혹은 유지하기 위하여 해야 하는 일은 무엇인가?
  - 나는 이번 일 중 다르게 수행했다면 더 좋은 성과를 냈을 일은 무엇인가?

제2절 성찰을 통한 자신감 향상시키기

1. 자신감의 의미

어떤 마음을 가지고 자신의 목표를 위해 실천하느냐가 매우 중요하다. 자신의 잠재능력과 장점을 믿고 매사에 열정과 도전정신으로 행동해야 한다. '하면 된다'는 신념과 확신을 가지고 현실에 안주하지 말고 미래에 대한 꿈을 가져야 한다.

자신감이란 스스로 자신이 있다고 여겨지는 느낌 또는 마음을 말한다. 즉, 자기를 믿는 마음, 자신을 신뢰하는 마음이다. 보통 자신감이 있는 사람은 자신이 추구하는 것이 옳고 그것을 성취할 수 있다고 믿는다. 그렇지만 자신감이 결여되면 우울하고 집중력이 떨어지며 극도의 피곤함과 긴장감으로 두통이 생기고

매사에 의욕이 저하된다. 여러분은 자신감을 가지고 대학생활을 하자. 그러면 자신이 추구하는 목표를 이룰 수 있다.

2. 자신감 향상시키기

자신감을 향상시키기 위해서는 무엇보다도 스스로를 인정하는 자존감을 가지는 태도가 중요하다. 또 자기 안에 숨어 있는 보석을 발견하여 내가 얼마나 중요하고 귀한 사람인지 자신의 정체성을 발견하여 하고자 하는 일에 도전하고 실천하는 것이 중요하다. 걱정만 하고 시작을 하지 않는다면 자신감을 향상시키기 어렵다. 진로결정에 있어서도 "나는 무엇을 해야 하나?', 나는 취업을 할 수 있을까?', 내가 잘할 수 있을까?"라고 걱정만 할 뿐 실행 계획을 세우고 구체적인 준비를 하지 않는다면 자신감은 결코 생기지 않는다. 자신감을 향상시키기 위해서는 다음과 같은 노력이 필요하다.

1) 주도적으로 인생을 살아라

모든 삶에는 갈림길과 장애물이 있기 마련이다. 주도적으로 인생을 사는 사람은 미루거나 물러서지 않고 스스로 선택하고 돌파한다. 이런 사람은 다른 사람에 비해 더 큰 성취감을 얻을 수 있다. 성취감을 자주 맛본 사람은 그렇지 않은 사람에 비해 더 큰 자신감을 가질 수 있다.

2) 적절한 목표를 가져라

적절한 목표는 이루기 쉬운 목표가 아니다. 이루기 쉬운 목표는 자신감을 증진하는 데 별로 도움이 되지 않는다. 왜냐하면 성취감이 적거나 없기 때문이다. 자신에게 적절한 목표는 자신의 성향과 흥미, 적성을 신중하게 고려해서 스스로 선택하는 목표다.

3) 우선순위를 정하고 행동하라

자신의 계획과 목표를 성공적으로 이루기 위해서는 먼저 해야 할 일과 나중에 해야 할 일을 구분하는 것이 더 효과적이다. 한꺼번에 모든 일을 할 수는 없기 때문이다. 우선순위대로 실행한다는 것은 그만큼 계획적으로 행동한다는 것을 말한다. 이는 순간적인 충동이나 욕구에 좌우되지 않도록 자신을 잘 조절한다는 것을 의미한다.

4) 남의 평가에 얽매이지 마라

진정한 자신감은 사람의 평가나 인정에서 비롯되는 것이 아니다. 세상에는 특별한 가치가 없어도 사람들의 인기와 주목을 끄는 것이 많다. 그런 것에 얽매여 자신감을 잃는 일이 없어야 한다. 진정한 자신감은 가치 있는 일을 할 때 생긴다.

5) 항상 칭찬하라

칭찬은 분명 자신감을 높이는 데 도움이 된다. 비판을 잘하는 사람은 그 만큼 비판을 잘 받듯이 다른 사람을 칭찬하고 인정하는 데 인색하지 않은 사람은 그만큼 칭찬과 인정을 받는다. 자기가 원하는 것을 다른 사람에게 주는 것이 바로 그것을 받는 비법이다.

6) 긍정적인 언어를 사용하라

'말이 씨가 된다'는 속담이 있다. 말은 자신과 주변에 커다란 영향을 준다. 이왕이면 긍정적인 말을 사용하도록 하라. 자신도 모르게 자신감이 생길 것이다.

사례연구 1

자신감 있는 삶 들여다 보기

1. 성악가 최성봉
최성봉은 서울 출신으로 3살 때 고아원에 버려졌다. 구타를 피하여 5살 때 고아원에서 도망쳐 대전의 유흥가에서 살기 시작했다. 2011년 6월, 지역예선에서 최성봉의 《넬라 판타지아》 공연은 심사위원과 관객들을 울렸다. 그는 자신을 10년 동안 에너지 드링크와 껌을 팔며 생계를 유지해온 막노동꾼이라 소개하였다. 세미파이널 무대에서 《Cinema Paradiso》를 불러 또 한번의 감동을 연출하였고, 당일 투표수의 56%를 차지하는 기록을 세워 강력한 우승 후보로 점쳐지며, 다시 전세계 주요 외신에서 메인으로 등극을 하게 된다. 이는 추후 치러진 코리아 갓 탤런트 세미파이널 2, 3, 4, 5회의 1위 수상자들의 득표수를 모두 합쳐도 모자랄 정도의 엄청난 득표로 기록되고 있다

2. 미국대통령 오바마
오바마는 케냐 출신의 흑인 아버지와, 캔자스 주 출신의 백인 어머니 사이에서 태어난 혼혈인이다. 2살 때 부모의 이혼 등으로 불우한 어린시절을 보냈다. 그는 외조부모와 함께 살았고 한때 마약에 손을 대는 등 불행한 청년시절을 보내기도 하였다. 그렇지만 자신감을 가지고 컬럼비아대학 정치학과를 졸업한 후, 시카고 시의 빈민가에서 인권운동가로 맹 활약을 했다. 그 후 하버드대학 법대에 진학해 흑인계로는 처음으로 하버드대학 법대의 학술지 편집장을 지냈다. 그리고 마침내 인종차별이 심한 미국에서 자신감을 가지고 대통령으로 출마하여 처음으로 흑인 대통령으로 당선되었다. 이러한 결과는 자신감의 산물인 것이다.

위의 사례를 읽고 사례와 관련한 의견을 팀원들과 공유하여 보자.

1. 성악가 최성봉씨는 어떻게 해서 자신의 꿈을 이루었다고 생각하나요?

2. 오바마 대통령은 자신은 흑인이라고 생각하여 자신감이 없었다면 과연 미국 대통령에 당선되었을까요?

3. 본인은 자신감이 있다고 생각하나요?

활 동

칭찬을 통한 자신감 향상
1. 나 자신에 대해 칭찬할 점 10가지 찾아 적어보자. • • • • • • • •
2. 옆에 있는 친구와 서로 칭찬해주는 말을 적어보자 • • • • • • • •

학습평가

01 성찰과 관련된 다음의 설명 중 맞으면 ○, 틀리면 ×를 표시해보자.

- 성찰을 하면 현재의 부족한 부분을 알 수 있다. ( )
- 성찰을 하더라도 한 번한 실수는 반복적으로 하게 되므로, 처음에 실수를 하지 않는 것이 중요하다. ( )
- 성찰은 과거에 있었던 일에 대한 반성이기 때문에 앞으로 일에는 영향을 주지 못한다. ( )
- 성찰은 지속적인 연습의 과정이다. ( )

02 다음은 직업생활에서의 자신의 하루 일과를 성찰하는 방법을 제시하고 있다. 바르지 않은 것은?

① 끊임없이 질문을 하면서 마인드맵을 활용한다.
② 성찰은 따듯한 차를 마시며 조용히 눈을 감고 묵상을 한다.
③ 성찰은 일기 형식으로 자유롭게 작성해서 성찰노트를 만든다.
④ 성찰에 대한 목록으로 워크시트를 만들고 세부적으로 체크해 나간다.

03 성찰과 관련하여 할 수 있는 질문들은 어떤 것이 있는지 작성해보자.

- 지금 일이 잘 진행되거나 그렇지 않은 이유는 무엇인가?
-
-

04 자신감이란 스스로 자신이 있다고 여겨지는 느낌 또는 마음을 말한다. 즉, 자기를 믿는 마음, 자신을 신뢰하는 마음이다. 다음에서 자신감을 향상시키기 위한 것이 아닌 것은?

① 주도적인 인생을 산다.
② 적절한 목표를 갖는다.
③ 우선순위를 정하여 행동하기보다는 그때의 상황이나 욕구에 의해 행한다.
④ 다른 사람을 칭찬하고 인정하는 데 인색하지 않다.

학습 내용 요약

1. 직업인은 자신이 한 일에 대하여 성찰을 하면 앞으로 다른 일을 하는 데 필요한 노하우를 축적할 수 있으며, 성장의 기회를 마련할 수도 있다.
2. 성찰은 지속적인 연습의 과정으로 성찰노트를 작성하거나 끊임없이 질문하여 개발해야 한다.
3. 성찰의 중요성은 노하우가 축적되고 성장의 기회가 된다. 신뢰감을 형성할 수 있다. 창의적인 사고를 가능하게 한다.
4. 자신감이란 스스로 자신이 있다고 여겨지는 느낌 또는 마음을 말한다. 즉, 자기를 믿는 마음, 자신을 신뢰하는 마음이다.
5. 자신감을 향상시키기 위해서는 무엇보다도 스스로를 인정하는 자존감을 가지는 태도가 중요하다.

PART III

자기관리능력

Chapter

07

자기관리의 목적과 단계

학습목표

1. 인생을 책임 있게 사는 사람의 특징을 설명할 수 있다.
2. 자기관리의 목적과 본질을 설명할 수 있다.
3. 자기 인생의 목표를 구체적으로 기술할 수 있다.
4. 자기관리의 단계를 설명할 수 있다.
5. 자기 인생의 비전을 실현하기 위한 계획을 수립할 수 있다.

주요용어

책임을 지는 태도	자기관리의 목적	자기관리의 본질
자기관리의 단계	나무를 심은 사람	

미리보기

성공적인 인생을 살기 위해서는 우선 자신의 인생에 대해 책임지는 자세를 선택해야 한다. 그리고 인생의 목표를 분명히 하고 자신에 대한 이해를 바탕으로 자신이 무엇을 가지고 있는지를 알아야 한다. 그리고 그 자원을 보다 잘 활용하여 자신이 인생 목표와 일에서의 목표를 달성하기 위해 노력해야 한다. 자기관리는 인생에 대한 책임을 지는 자세에서 부터 출발한다.

이 장에서는 자신의 인생에 대해 책임을 지는 자세를 바탕으로 자기관리를 해야 하는 근본적인 목적과 자기관리의 본질, 그리고 자기관리 목적을 달성하기 위한 단계에 대하여 살펴본다.

제1절 자기관리의 목적과 본질

1. 자기관리의 목적

자기관리(Self-Management)란 개인의 삶과 일에서 정한 목표를 달성하기 위하여 자신이 가지고 있는 지식, 시간, 자금, 인적 네트워크 등, 자기 자원을 활용하는 일련의 활동이라고 말할 수 있다. 짧게는 하루의 목표를 달성하기 위한 노력이고, 길게는 인생 전체의 목표를 달성하기 위해 하는 노력이다. 또한 직업을 갖게 되면 끊임없이 목표가 주어지고 그 목표를 효율적으로 달성하기 위해 노력해야 한다. 그러므로 성공적인 인생을 살기위해서 자기관리는 필수적인 역량이라 할 수 있다. 물론 이러한 주장에 대해 다른 견해를 가지는 사람도 있다. 어떤 사람은 삶을 너무 치열하게 사는 것에 대해 부정적이며 느림의 미학을 주장한다. 사람들은 자기 가치관에 따라 사는 것이기 때문에 누가 옳고, 틀렸는지를 판단할 수 없다. 그럼에도 자신이 원하는 삶을 살기 위해서는 자신을 극복하는 자기관리가 반드시 필요하다고 할 수 있다. 동서고금을 막론하고 자기 자신과의 싸움에서 이기지 않고 자신이 원하는 삶을 살 수 없다는 것은 진리이다.

우리는 왜 자기관리를 해야 하는가? 몇 가지 구체적인 이유에 대해서 정리해본다. 첫째, 미래에 책임을 지기 위해서이다. 앞서 설명하였듯이 인생에서 자신이 원하는 때에, 원하는 장소에 도착하기 위해서는 내가 지금 어떤 선택을 해야하는지를 생각해야 한다. 이러한 노력이 바로 자기관리라 할 수 있다. 둘째, 자신의 가능성을 최대한 발휘하기 위해서이다. 사실 성공한 대부분의 사람들은 평범한 사람들이다. 그럼에도 그들이 평범하지 않은 위대한 결과를 이루어 낸 이유는 자신이 가지고 있는 것을 최대한 활용하는 능력을 발휘했기 때문이다. 셋째, 자기 자신에 대한 존중감을 갖기 위해서이다. 자신이 하는 일에서 번번이 실패하는 사람은 자기 자신에 대한 신뢰가 떨어질 수밖에 없다. 반대로 자신의 일에서 성공적인 경험은 자신감을 갖게 되고 자신에 대한 신뢰감이 생겨 자신있게 인생을 살아갈 수 있게 해준다. 넷째, 경쟁에서 이기기 위해서이다. 변화가 빠르고 일자리가 감소하는 추세에 있는 현대사회에서 경쟁을 피할 수는 없다. 경쟁에서 이기기 위해서는 우선 자신과의 싸움에서 이겨야 한다. 결국 자기관리가 경쟁에서 이기는 핵심 요소가 된다.

2. 자기관리의 본질

자기관리의 목적인 성공적 인생을 살기 위해서는 그 본질을 이해하는 것이 필요하다. 자기관리의 본질은 목표, 책임, 신뢰이다.

자기관리의 첫 번째 본질은 목표이다. 자신의 삶에서 또는 일에서 달성하고자 하는 목표를 설정하는 것이다. 효과적인 사람은 자신의 삶과 일에서 올바른 목표를 설정한다. 효과적인 사람과 그렇지 않은 사람을 구별하는 것은 그들이 세운 목표를 보면 알 수 있다. 자기관리를 잘하는 사람이 되기 위해서는 목표를 명확하게 진술하려는 노력이 필요하다.

자기관리의 두 번째 본질은 책임이다. 즉, 목표 달성에 대한 책임이다. 자신의 삶과 일에서 올바른 목표를 설정하고 제시했다 하더라도 그 목표를 달성하기 위해 철저하게 계획하고 용기 있게 실행하는 책임 있는 노력을 다하지 않는다면 원하는 결과를 얻을 수 없을 것이다.

목표를 제시하고 책임 있게 행동하기 위해서는 자기 자신에 대한 신뢰가 있어야 한다. 만일 자신을 믿을 수 없다면, 목표한 결과를 얻을 수 없게 된다. '나는 목표를 달성하기 위해 성실하게 일을 추진하는 사람이다.'라는 자신에 대한 신뢰가 바탕에 있어야 한다.

사례연구 1

세상에는 두 종류의 사람이 있다. 운전자의 모습으로 사는 사람과 승객의 모습으로 사는 사람이다. 운전자의 모습으로 사는 사람은 운전석에 앉아서 핸들을 잡고, 악셀레이터와 브레이크를 밟는다. 즉 자신의 인생에서 나아갈 길의 방향과 속도를 스스로 결정하는 사람이다. 반면에 승객의 모습으로 사는 사람은 차가 이동하는 동안에는 아무런 행동을 하지 않는다. 그러나 차가 목적지에 도착하면 그 때 입을 연다. “왜 이곳으로 왔어요?”, “왜 이제 도착했어요?”, “속력을 더 냈어야지요.” 라는 비판적인 얘기를 쏟아낸다.
물론 이 이야기는 비유적인 이야기이다. 운전자의 모습으로 사는 사람은 자신의 인생에 대해 책임을 지는 사람이고, 승객의 모습을 사는 사람은 자신의 인생에 대해서 책임을 지지 않는 사람을 의미한다.
책임을 지는 사람은 미래에 책임을 지는 사람이다. 자신의 미래의 모습에 책임을 지기 위하여 오늘 자신이 어떤 행동을 선택해야 하는지를 주도적으로 결정한다. 반면에 책임을 지지 않는 사람은 과거에 집착하는 모습을 보인다. ‘과거에 그 일만 없었다면, 지금 내가 이 모양은 아니었을 텐데.’ 하면서 원망을 한다. 그리고 미래의 어느 날에, 그는 또 그 때를 후회하면서 원망하고 있을 것이다.

사례연구 2

예일대학 학생들을 대상으로 목표 달성에 관련한 조사가 있었다. 인생의 목표를 명확히 하고 글로 기록한 사람은 3%, 목표는 있지만 글로 나타내지 않고 마음에 품고 있었던 사람은 10%, 막연한 수준의 목표를 가지고 있던 사람은 60%, 목표가 전혀 없는 사람은 20%로 나타났다. 이후 이 학생들이 졸업을 한 후에 어떤 결과가 나타났는지에 대한 조사 결과이다.
명확한 목표를 기록하고 있는 3%의 사람들은 사회적으로 성공했으며, 개인적으로는 자신이 원하는 삶을 살고 있는 것으로 나타났다. 목표는 있지만 기록하고 있지 않았던 10%의 사람들은 경제적으로 중상층의 삶을 살고 있었으며, 개인적으로는 비교적 행복한 삶을 살고 있는 것으로 나타났다. 막연한 목표를 가지고 있었던 사람들은 경제적으로 중하층의 삶을 살고 있었으며 개인적으로는 후회가 많고 아쉬운 삶을 살고 있는 것으로 나타났다. 마지막으로 인생의 목표가 전혀 없었던 20%의 사람들은 사회의 최하위층으로 살고 있었으며 결코 원하지 않은 삶을 살고 있는 것으로 나타났다.
예일대학의 연구결과에 따르면 당신의 현재 상태는 미래의 모습을 보여 주고 있다 할 것이다. 하지만 원하지 않는 미래의 모습이 예상된다 하더라도 크게 걱정할 것은 없다. 왜냐하면 바로 오늘을 바꾸면 미래의 자신의 모습도 바뀌게 되기 때문이다. 당신의 미래는 지금 스스로 선택한 행동의 결과이다.

활 동

위의 〈사례 2〉에 대한 다음 질문에 각자의 생각을 정리하고 자신의 의견을 팀원들과 공유해보자.

1) 자신의 인생에서 이루고자 하는 장기적 목표(5년 이후 목표의) 목록을 기술해보자.

2) 자신의 중기적 목표(2년~5년 안에 달성해야 할 목표) 목록을 구체적으로 기술해보자.

3) 자신의 단기적 목표(2년 이내 달성해야 할 목표) 목록을 구체적으로 기술해보자.

제2절 자기관리의 단계

자기관리는 자신을 이해하고, 목표를 성취하기 위해 자신의 행동 및 업무수행을 관리하고 조정하는 것이며, 자기관리 능력은 이러한 자기관리를 잘 할 수 있는 능력을 의미한다. 자기관리는 자신의 비전과 목표를 정립하고, 자신의 역할 및 능력을 분석하여 과제를 발견하며, 이에 따른 일정을 수립하여 시행하는 절차로 이루어진다. 이러한 노력을 통해 얻은 결과를 반성하고 피드백함으로써 지속적인 자기관리가 이루어진다.

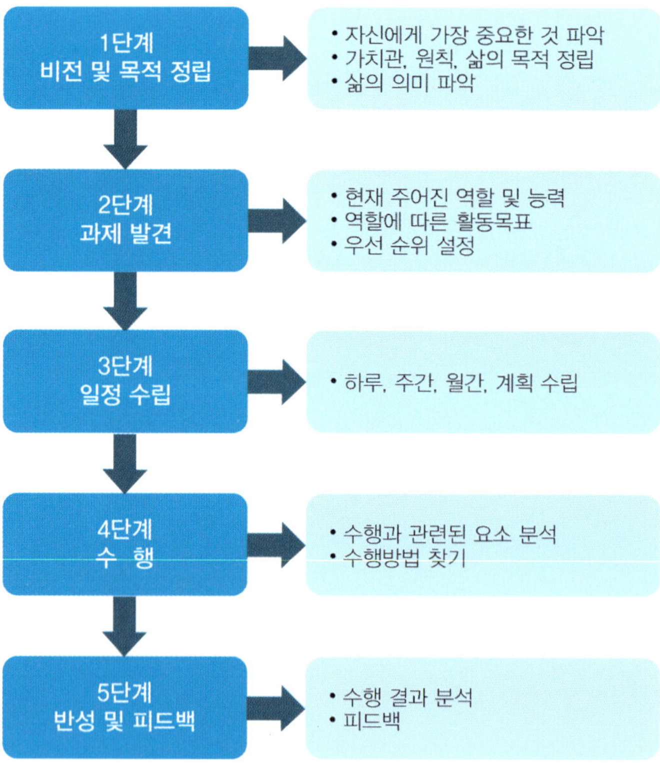

[그림 7-1] 자기관리의 단계

1. 비전 및 목적 정립

자동차를 운전하는데 도착해야 할 정확한 목표지점이 없다면 어떻게 될까? 어떤 행동을 하거나 일을 수행하기 위해서는 비전과 목적을 정립하여 방향성을 가지는 것이 중요하다. 비전과 목적은 모든 행동 또는 업무의 기초가 되며, 의사결정에 있어서 가장 중요한 지침으로 적용된다.

자신의 비전과 목적을 정립하기 위하여 다음과 같은 질문을 해볼 수 있다.

- 나에게 가장 중요한 일은 무엇인가?
- 나의 가치관은 무엇인가?
- 내가 생각하는 의미 있는 삶은 어떤 것인가?
- 내가 살아가는 원칙은 무엇인가?
- 내 삶의 목적은 어디에 있는가?

2. 과제 발견

비전과 목표가 정립되면 현재 자신의 역할 및 능력을 다음 질문을 통해 검토하고 할 일을 조정하여 자신이 수행해야 될 역할들을 도출한다.

- 자신이 현재 수행하고 있는 역할과 능력은 무엇인가?
- 역할들 간에 상충되는 것은 없는가?
- 현재 변화되어야 할 것은 없는가?

그리고 이 역할들에 상응하는 활동목표를 설정한다. 성공하는 사람들은 실제적이고 성취 가능한 목표를 설정한다. 활동 목표는 너무 크거나 높은 경우 세부목표로 나누고 실행 가능한 목표로 조정한다.

수행해야 할 역할들이 도출되고 이에 적합한 활동목표가 수립되면, 각 역할 및 활동 목표별로 해야 될 일을 우선순위에 따라 구분한다. 우선순위를 구분하는 여러 방법들이 소개되고 있지만 일반적으로 사용하는 방법은 가장 중요하고 가장 긴급한 일을 우선순위가 높다고 판단하는 것이다.

3. 일정 수립

일의 우선순위에 따라 구체적인 일정을 수립한다. 일정은 월간계획 → 주간계획 → 하루계획의 순으로 작성한다. 월간계획은 보다 장기적인 관점에서 계획하고 준비해야 될 일을 작성하며, 주간계획은 우선순위가 높은 일을 먼저 하도록 계획을 세우고, 하루계획은 이를 보다 자세하게 시간단위로 작성한다.

한 가지 주의할 점은 빨리 해결해야 할 긴급한 문제라고 하여 우선순위를 높게 잡고 이를 중심으로 계획을 세우게 된다면 오히려 중요한 일을 놓치게 되는 잘못을 저지르게 된다. '소중한 것을 먼저 하라.'는 스티븐 코비의 제언을 항상 염두에 두어야 한다. 따라서 앞서 분석한 우선순위에 따라 중요한 일을 모두 수행할 수 있도록 계획을 세우는 지혜가 필요하다.

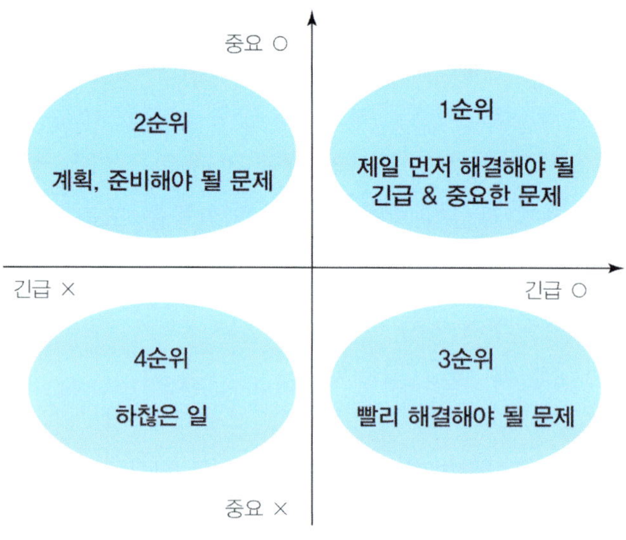

[그림 7-2] 과제선정의 우선순위

4. 수행

구체적인 일정을 수립하면 계획에 따라 수행을 한다. 수행에는 다음과 같은 요소들이 영향을 미친다. 따라서 지금 내가 하려고 하는 일은 무엇인지, 이 일에 영향을 미치는 요소들은 무엇인지, 이를 관리하기 위한 어떤 방법이 있는지를 찾아 계획한대로 수행되도록 한다.

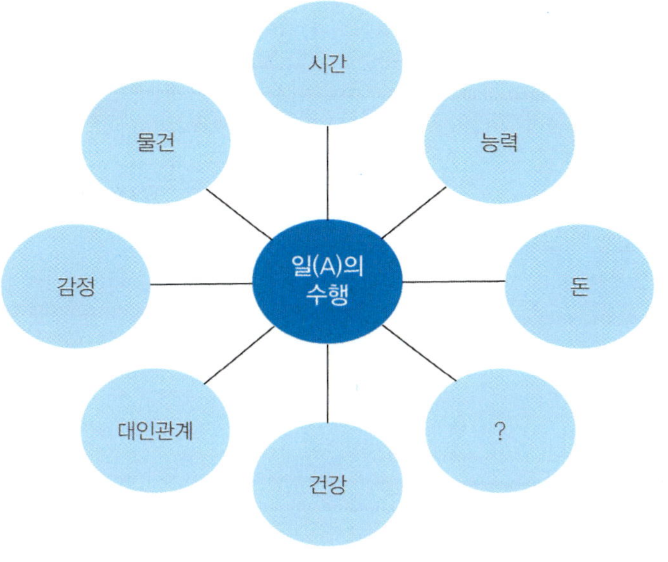

[그림 7-3] 수행에 영향을 미치는 요소

5. 반성 및 피드백

계획에 따라 업무를 수행하고 나면 다음의 질문을 통해 분석하고, 결과를 피드백하여 다음 수행에 반영한다.

- 어떤 목표를 성취하였는가?
- 일을 수행하는 동안 어떤 문제에 직면했는가?
- 어떻게 결정을 내리고 행동했는가?
- 우선순위 및 일정에 따라 계획적으로 수행하였는가?

사례연구 3

1917년경 고산지대 황무지에 한 양치기 목자가 있었다. 그의 이름은 '엘제아르 부피에' 이다. 그는 스스로 만든 돌집에 살면서 매일 저녁, 집안에 쌓아 놓은 도토리 중에서 완벽한 상태의 도토리 100개를 골라내고 잠들었다. 그는 아침이 되면 쇠막대기를 들고 나가 산을 올라가 쇠막대기로 구멍을 파고는 그 안에 도토리를 심고 덮었다. 그는 떡갈나무를 심은 것이었다. 이런 일은 이미 3년 전부터 시작했으며 이미 10만 개의 도토리를 심었다. 그는 계속 나무를 심었고, 그렇게 10년이 지났을 때는 숲이 만들어지기 시작했고, 도랑에는 물이 흐르기 시작했다. 20년이 지난 어느 날은 산림 감시원이 찾아와 그에게 천연 숲이 자라는 것을 위태롭게 할지 모르니 집 밖에서 불을 피워서는 안 된다고 경고했다. 1947년, 그가 눈을 감을 때는 그 숲에서 1만 명이 넘는 사람들이 행복하게 살고 있었다.

1953년 미국 잡지 「리더스 다이제스트(Reader's Digest)」지에 처음 발표된 후 1954년 미국의 「보그(Vogue)」지에 의해 『희망을 심고 행복을 가꾼 사람』이라는 책으로 처음 출판된, 장 지오노의 『나무를 심은 사람』.

활 동

〈사례연구 3〉에 대한 다음 질문에 각자의 생각을 정리하고 자신의 의견을 팀원들과 공유해보자.

1. 소설의 내용에 대한 소감을 나누고, 소설 속에 나타난 주인공의 비전(장기적 소망), 사명(본인이 책임져야 할 목표), 행동(목표를 달성하기 위해 매일 할 일)을 찾아보자.

   His Vision : ______________________________

   His Mission : ______________________________

   His Action : ______________________________

2. 자신의 인생에서 이루고 싶은 비전과 그것을 위한 미션과 행동을 기술해보자.

- 비전(Vision): 내 인생에서 반드시 이루고 싶은 비전

  ____

- 사명(Mission): 나의 비전을 실현시키기 위해 내가 책임지고 달성해야 할 목표

  ____

- 행동(Action): 내가 책임져야 할 목표를 달성하기 위해 정기적으로 해야 할 행동

  ____

학습평가

01 다음 중 자기관리의 목적이 아닌 것은?

① 자신의 가능성을 최대한 발휘하기 위해
② 위대한 결과를 만들기 위해
③ 자신에 대한 신뢰를 갖기 위해
④ 경쟁에서 이기기 위해

02 자기관리의 본질 3가지를 기술하시오.

(1) ____________, (2) ____________, (3) ____________.

03 다음은 자기관리 5단계입니다. 순서가 바르게 된 것은?

① 비전 및 목적 정립 – 일정 수립 – 과제 발견 – 수행 – 반성 및 피드백
② 비전 및 목적 정립 – 일정 수립 – 수행 – 과제 발견 – 반성 및 피드백
③ 비전 및 목적 정립 – 과제 발견 – 수행 – 일정 수립 – 반성 및 피드백
④ 비전 및 목적 정립 – 과제 발견 – 일정 수립 – 수행 – 반성 및 피드백

학습 내용 요약

1. 성공적인 인생을 살기 위해서는 자신의 인생에 대해 책임지는 자세를 선택해야 한다.
2. 자기관리(Self-Management)란 개인의 삶과 일에서 정한 목표를 달성하기 위하여 자신이 가지고 있는 지식, 시간, 자금, 인적 네트워크 등, 자기 자원을 활용하는 일련의 활동이다.
3. 자기관리의 본질은 첫째, 올바른 목표 설정, 둘째, 목표 달성에 대한 책임, 셋째, 자기 자신에 관한 신뢰이다.
4. 인생에서 성공한 사람들은 올바른 목표를 높은 수준에서 구체적으로 진술한 사람들이다.
5. 자기관리는 자신의 비전과 목표를 정립하고, 자신의 역할 및 능력을 분석하여 과제를 발견하며, 이에 따른 일정을 수립하여 시행하는 절차로 이루어진다. 이렇게 시행된 결과는 지속적인 자기관리를 위하여 반성하고 피드백한다.

Chapter

08

자기관리 방법

학습목표

1. 강점에 대한 개념을 바탕으로 강점을 파악하는 방법을 설명할 수 있다.
2. 강점을 활용하는 전략을 설명할 수 있다.
3. 시간관리의 목적과 단계를 설명할 수 있다.
4. 시간관리 측면에서 일을 잘하는 사람의 특징을 설명할 수 있다.
5. 효율적인 정보관리 시스템 구축 계획을 수립할 수 있다.

주요용어

강점	약점	시간관리의 단계
정보관리 시스템		

미리보기

BC 440년경 그리스 아테네에 있는 파르테논 신전의 조각 작품을 완성한 당대 최고 조각가 페이다스는 아테네 재무관에게 작품 비용을 청구했다. 담당 재무관은 페이다스에게 "당신이 청구한 작품값의 전부를 지급할 수 없네. 아무도 볼 수 없는 조각의 뒷면 작업 비용은 빼겠어." 라고 말했다. 이에 대해 페이다스는 이렇게 대꾸했다. "아무도 볼 수 없다고. 당신은 틀렸어. 신이 볼 수 있지."

이 장에서는 신이 보고 있다는 마음으로 자신에게 주어진 일에 책임을 다하기 위한 자기관리 방법으로 강점관리, 시간관리, 정보관리 방법에 대해 살펴본다.

제1절 강점관리 방법

1. 강점과 약점

아인슈타인은 바이올린 연주를 무척 좋아했다고 한다. “내가 만일 오케스트라에서 바이올린을 연주할 수 있다면 내가 가진 모든 것을 내어놓겠다. 노벨상도 내어 놓겠다.”라고 말했을 정도로 바이올린 연주에 대한 열정이 컸다. 실제로 한동안은 바이올린 연습에 매진하기도 했다. 하지만 안타깝게도 그에게는 바이올린에 대한 약간의 재능도 없었기 때문에 연주 실력을 만드는데 실패했다. 반면에 그는 수학문제를 푸는 것을 썩 좋아하지 않았다고 한다. 하지만 그곳에 특별한 재능이 있었고, 그 분야에서 인류에 공헌하는 업적을 남겼다. 만일 그가 자신이 좋아했던 바이올린 연주를 위한 인생을 살았다면 우리는 그를 거리의 악사로도 기억하지 못했을 것이다. 우리가 기억해야 할 것은 사람은 오직 강점으로만 성과를 올릴 수 있다는 것이다. 또한, 자신의 약점으로는 결코 성과를 만들지 못한다는 것이다.

강점(strength)이란 자신이 가지고 있는 것으로 남들보다 뛰어난 점을 의미한다. 좋은 점을 말하는 장점(good point)과는 구별할 필요가 있다. 흔히 ‘착하다’ ‘인내심이 강하다’ 등은 장점이다. 강점은 평가의 기준이 되는 대상이 분명해야 한다. 예를 들면, 공을 멀리 던질 수 있다는 것은 그 사람의 특징이지만 야구선수라는 기준이 있으면 그 특징은 강점이 되는 것이다. 마찬가지로 약점은 남들보다 부족한 점이다. 이 역시 단점과 구별해야 한다. 단점은 ‘체력이 약하다.’ 등과 같이 문제점으로 고쳐야 할 것이다. 반면에 약점은 소질이 없는 분야로 노력을 해도 향상시키기 어려운 부분이다. 결론적으로 자기를 개발하기 위해서는 자신이 잘 할 수 있는 일을 찾아야 한다. 반대로 노력을 해도 안 되는 일에 매달리다 보면 발전을 기대할 수 없다. 실제로 일을 잘하는 사람들은 자신이 가장 잘 할 수 있는 그 일을 하고 있다. 반면에 자신이 잘 할 수 없는 일을 하는 사람들은 일에서 성과를 내지 못해 발전적 변화를 만들지 못하게 된다. 그러므로 성공적인 인생을 만들기 위해서는 가능한 자신의 강점을 바탕으로 일하기 위해 노력해야 한다.

2. 강점을 찾는 방법

그렇다면 어떻게 강점을 찾아야 할까? 자동판매기로 물건을 구매하듯이 몇 가지 정보만 넣으면 자신의 강점을 찾을 수 있으면 좋겠지만 그런 방법은 없다. 자신의 강점을 찾는 유일한 방법은 자신이 어떤 일을 할 때 높은 성과를 올렸는지를 파악하는 것이다. 이름 하여 '피드백 분석' 방법이다. 피드백 분석이란 어떤 중요한 의사결정이나 행동을 할 때마다 스스로가 예상하는 결과를 기록해 두고 9개월 또는 12개월이 지난 뒤 자신이 기대했던 바와 실제 결과를 비교해 보는 것이다.

어떤 일을 할 때, 기대 이상으로 좋은 성과를 올린다면 그 일에 강점이 있다고 볼 수 있다. 예를 들어 다른 사람을 설득하는 일에서 좋은 결과를 만들어 왔다면 그곳에 강점이 있다고 할 수 있다. 반면에 잘 될 것이라고 기대했지만 기대만큼의 성과가 나오지 않는 일은 약점이 있는 일일 가능성이 있다. 그러므로 강점을 찾기 위해서는 그간에 해왔던 일을 돌이켜 보면서 강점을 찾아야 한다. 물론 지금부터 자신이 하는 일을 관찰하는 것도 좋은 방법이다. 이때 주의할 점은 막연하게 '나의 강점은 무엇인가?'라는 질문이 아니라 '나는 어떤 일을 하는데 강점이 있는가?'라는 질문을 던져야 한다.

또 한 가지 강점을 찾는 방법은 다른 사람에게 나의 강점에 대해서 질문을 하는 것이다. 다른 사람의 눈에 나의 강점이 보일 수 있다. 하지만 현실은 그렇지 않다. 누군가 나의 강점을 잘 설명해 줄 것이라는 기대는 버려야 한다. 사람들은 생각보다 다른 사람에 관한 관심도 적고, 더군다나 상대를 깊이 이해하고 있지 못하다. 심지어 부모조차 자녀의 강점에 대해 정확한 얘기를 못 해준다. 실망스럽기는 하지만 너무 큰 기대를 하지 않는 것이 오히려 좋다. 그래야 서운함도 적어진다. 다만 한 가지 주목할 정보가 있다. 그것은 초, 중, 고등학교 생활기록부 내용이다. 담임 선생님이 1년 내내 관찰한 결과를 바탕으로 쓴 것이기 때문에 믿을 만한 내용일 가능성이 있다. 다음은 유명인들의 초등학교 생활 기록부의 내용이다.

"매사에 진취적이며 영어에 소질이 많다.": 성신제 성신제피자 대표
"두뇌가 명석하며, 손재주가 많다.": 조현정 비트컴퓨터 회장
"재기발랄하며 타인 앞에서 웃음을 주는 일을 즐긴다.": 김미화 개그맨
"그림에 뛰어난 소질이 있으나, 공부에 게으르다.": 박재동 한국종합예술학교 교수

그러나 이 또한 참고 자료에 불과하고 자기 자신의 꾸준한 노력을 통해 얻어야 하는 정보라는 것을 잊지 말아야 한다.

3. 강점 활용 전략

강점과 약점을 파악한 후에는 강점을 활용하는 전략을 수립해야 한다.

첫째, 자신이 잘 할 수 있는 강점에 에너지를 집중해야 하며, 더 잘 할 수 있도록 강점을 개선해 나가야 한다. 흔히 어느 정도 역량을 갖추면 됐다고 생각하고 부족한 점을 메꾸려는 경향을 보인다. 아마도 그것은 우리가 학교를 다닐 때부터 부족한 것을 채우는 방식의 교육을 받아왔기 때문일 것이다. 교육훈련을 통해 얻을 수 있는 가장 큰 혜택은 새로운 것을 배우는 데 있지 않고 이미 잘하고 있는 것을 훨씬 더 잘하게 되는 데 있다는 것을 유념해야 한다.

현대 사회에서는 누구도 혼자 모든 것을 다 해낼 수 없다. 내가 잘하는 부분과 다른 사람이 잘하는 부분을 합쳐서 문제를 해결해야 한다. 그래야 할 수 있는 한 최고 수준의 성과를 낼 수 있다. 최근 인공지능의 발달로 인해 인간의 전문성을 가지고 할 수 있는 영역이 줄어드는 것이 현실이다.

둘째, 아무리 해도 성과가 오르지 않는 부분에 시간과 노력을 투입해서는 안 된다. 드러난 약점에 관련해서는 강점이 있는 사람을 통해서 전체 성과를 만들어 가야 한다. 자신이 모든 것을 다 잘 할 수 있다고 믿는 오만하고 어리석은, 그래서 비효과적인 사람이 되지 말자.

사례연구 1

외환은행에 근무하는 김영아(31)씨는 2004년 조선일보 춘천마라톤대회에서 3시간 13초를 기록, 43세의 국가대표 출신 문기숙(2시간 54분 30초)씨에 이어 2위에 올랐다.
김씨가 마라톤에 입문한 것은 지난 2003년 5월. 외환은행 남가좌동지점에서 파트타임 계약직으로 일하며 월급 100만원을 받던 김씨는 금융노조마라톤대회 하프코스에 출전했다. 허리디스크와 협심증 등으로 고생하던 어머니 이명세(64)씨에게 어버이날 선물 하나 못해드렸는데, 우승 상금 30만원을 타 어머니에게 드리자고 마음먹은 것. 평소 지인(知人)이 운영하는 헬스클럽과 수영장에서 운동을 하던 김씨는 마라톤 훈련을 한 번도 안 했지만, 종반 허벅지 통증을 이기고 우승하는 기적을 이뤘다.
김씨는 "내가 평소에 찾고 있던 것이 바로 이것" 이라고 느꼈다. 이후 많은 마라톤 대회에 출전했다. 항상 마라톤의 희열을 느끼면서 달리던 김씨는, 그 모습이 인터넷에 동영상으로 뜨면서 '웃으면서 달리는 마라토너', '몸짱 · 얼짱 · 실력짱' 등으로 소문이 났다. 영화 '말아톤'에서는 주로에서 지쳐 있는 주인공에게 초코파이를 건네주며 격려하는 마라토너 역으로 출연하기도 했다. 팬클럽 카페도 생겼다. 이름이 알려진 후에 김씨는 외환은행 본점의 홍보부로 발령이 났고, '별정직 계약직'으로 신분이 상승하면서 월급도 올랐다. 2008년에는 자신의 팬클럽에서 4살 연하의 남편을 만나 결혼도 하고 출산의 행복도 누렸다.
"마라톤은 내 인생을 바꿨어요. 전에는 '나는 왜 이렇게 힘들게 살까?' 하며 항상 불만이었는데, 요즘은 '내가 이렇게 행복해도 되나?' 하는 생각을 해요."

활 동

위의 〈사례 1〉에 대한 다음 질문에 대하여 각자의 생각을 정리하고 자신의 의견을 팀원들과 공유해보자.

1. 사례 속 주인공의 인생이 바뀐 결정적 요소는 무엇인가?

2. 나는 어떤 일을 하는 데 강점이 있는가?

3. 나의 강점을 활용하기 위해 어떤 노력을 할 것인가?

제2절 시간관리 방법

1. 시간관리의 필요성

1990년대까지만 해도 송금을 하는 것은 시간이 오래 걸리는 일이었다. 은행에 가서 긴 줄을 서다 보면, 오고 가는 시간을 포함하여 1~2시간씩 걸리는 것은 예사였다. 그런데 요즈음에는 스마트폰으로 2~3분 이내에 해결 가능한 일이 되어 버렸다. 이런 일은 비단 은행일만은 아니다. 인터넷 등 테크놀로지의 발달로 인해 과거에 많은 시간이 걸렸던 일들이 순식간에 해결되고 있다. 그러면 시간이 남아도는가? 전혀 그렇지 않다. 오히려 그 반대로 도무지 시간이 없고, 많은 사람이 시간에 쫓기는 삶을 살고 있다. 도대체 그 이유는 무엇인가?

그것은 개인들이 누리는 생활 수준이 높아졌기 때문이다. 즉 지금의 생활 수준을 유지하고 향상시키기 위해서는 그만큼의 수입이 필요한데, 그만한 수입을 만들기 위해서는 보다 높은 수준의 가치를 창출해야 한다. 과거에는 은행을 갔다 오는 일도 큰 업무였다. 심지어 은행에 다니는 일을 하면서 급여를 받는 사람도 있었다. 이제 그런 일은 있을 수 없다. 은행 업무 등에 시간을 빼앗겨서는 안 되며, 조직의 성과에 기여하기 위한 중요한 일을 해야 한다.

사회가 요구하는 전문적 기능을 하는 현대 조직에서 일하는 사람들이 해야 할 일은 점점 많아지고 있고, 또한 해야 할 일들은 많은 시간을 필요로 한다. 문제는 일할 시간이 부족하다는 것이다. 더군다나 직장에 출근하여 여러 사람과 업무적 관계를 하다 보면 정작 일할 시간이 없다시피 하다. 그래서 현대인들에게 시간관리는 절대적으로 필요한 일이다. 시간관리와 같은 활동이 체질적으로 맞지 않은 사람들도 있다. 하지만 그것은 이제 선택의 문제가 아니다. 지금보다 나은 삶을 진정으로 원한다면 시간을 관리하는 노력을 피해갈 수 없다. 안타까운 일이지만 앞으로 시간 부족 현상은 계속 악화될 것이다. 할 일은 많고, 세상은 넓다. 그러나 시간은 없다.

2. 시간관리의 단계

- 1단계: 실제 사용 시간을 기록하고 분석한다.
- 2단계: 시간을 관리한다.
- 3단계: 시간을 통합한다.

1) 시간의 기록

돈을 관리하기 위해서는 수입과 지출 내용을 기록해야 하는 것처럼 시간을 관리하기 위해서는 반드시 시간을 기록하는 것으로부터 출발해야 한다. 시간의 기록은 가능한 구체적으로 한다(예, 11:35~11:50 : 메일 확인). 시간 기록은 가능한 실시간으로 하는 것이 좋으며, 시간 분석을 위한 의미 있는 데이터를 만들기 위해서는 꼭 연속적이지는 아니어도 3주 이상의 시간 기록이 필요하다. 시간을 기록한 다음에 해야 할 일은 시간 기록 내용을 범주별로 묶어 시간을 분석하는 것이다.

2) 시간의 관리

시간관리는 좁은 의미의 관리로 종합된 정보를 바탕으로 전략적 판단을 하는 것이다. 즉, 낭비라고 판단되는 시간을 제거하는 것이다. 첫째로 전혀 필요 없는 일로 구분되는 일이 있다. 이런 일들은 즉시 그만두면 된다. 둘째로 내가 하지 않아도 되는 일이 있다. 시간을 분석해보면 내가 직접 하지 않아도 되는 범주에 들어갈 수 있는 일이 있다. 그런 일들은 다른 사람에게 넘기면 된다. 셋째로 내가 하는 일 가운데 오히려 다른 사람의 시간을 빼앗는 일이다. 이 경우에도 답은 즉시 그 일을 그만두는 것이다. 다만 이런 일은 자신의 기록으로 판단할 수 없으므로 관련자에게 직접 물어보아야 그 답을 찾을 수 있다. 일하는 사람은 반드시 이 세 가지 질문을 스스로에게 정기적으로 해야 한다. 할 일은 많고 시간은 없다고만 할 것이 아니라, 시간 낭비 요소를 지속적으로 제거하면서 부족한 시간문제를 풀어가야 한다.

3) 시간의 통합

불필요하거나 낭비가 되는 시간을 제거하고 나면 그만큼의 시간이 남게 된다. 쓸데없이 써 왔던 지출을 줄이면 그만큼의 돈이 남는 것과 같은 이치이다. 쓸데없는 곳에 지출한 돈을 줄여 남은 돈을 그때그때 써버리면 의미가 없지만, 모으면 목돈이 되어 꼭 필요한 곳에 쓸 수 있다. 시간관리의 마지막 단계는 낭비적인 시간을 제거하고, 남은 시간을 통합하여 내가 해야 할 중요한 일을 그 시간에 하는 것이다.

소위, 성공하는 사람들은 모두 시간을 관리를 잘하고 있다. 그들은 자기 절제를 통해 자신에게 중요한 일에 집중할 수 있는 시간을 만들어 내고 있다. 그들이 성취한 위대한 결과는 그렇게 만들어진 것이다.

3. 일을 잘하는 사람의 시간관리

1) 그 일에 요구되는 시간을 안다.

성과를 올리지 못하는 사람은 어떤 일을 하는데 필요한 시간을 과소평가한다. "그 일을 하는데 두 시간이면 돼."라고 말하지만, 종일 일을 해도 결과를 만들지 못하기도 한다. 그것은 그 일에 필요한 실제 시간과 일의 속성을 잘 모르고 있기 때문이다. 그들은 늘 모든 일이 제대로 진행될 것으로 기대한다. 그러나 아무런 문제도 없이 제대로 잘 되는 일이란 없다. 반면에 성과를 올리는 사람은 그 일이 요구하는 시간을 알고 있고, 실제로 필요한 시간 이상으로 여유있게 일정을 잡는다. 만일 시간이 남으면 완료된 업무 결과의 질을 높이는 데 시간을 쓴다.

2) 시간과 경쟁하지 않는다.

성과를 올리지 못하는 사람은 급하게 서두르는 경향이 있다. 일을 급하게 서두르는 사람은 언뜻 매우 적극적인 모습으로 보이지만 결과적으로 일이 더 늦어지기 일쑤이다. 현대 조직에서 해야 할 일들은 대부분 질적인 일이다. 일을 미루다가 하룻밤을 새운다고 되는 일이 아니다. 예를 들어 영화감독이 일정에 쫓겨 급하게 영화를 찍는다면 좋은 작품이 나 올 수 없다. 성과를 올리는 사람은 시간과 경쟁하지 않는다. 동화 '토끼와 거북이'에서 거북이가 토끼와 경쟁하지 않은 것처럼 일을 잘하는 사람은 편안한 속도를 유지하면서 쉬지 않고 자기 목표를 달성해 나아간다.

3) 중요한 일에 집중한다.

성과를 올리지 못하는 사람은 여러 가지 일을 동시에 추진하려 한다. 여러 가지 일을 동시에 하는 사람들은 언뜻 혼자서 일을 다 하는 것처럼 분주해 보이지만 결과는 없다. 왜냐하면, 어떤 일의 결과를 만드는데 요구되는 최소한의 시간을 할애하지 못했기 때문이다. 추진하던 일 가운데 하나가 문제에 부딪히면 거의 모든 계획이 한꺼번에 무너지고 만다. 반면에 성과를 올리는 사람은 한 번에 한 가지 일만 하고, 중요한 일을 먼저 하는 데 에너지를 집중한다. 언뜻 보면 자리에 없는 듯 조용히 일하지만 놀랄 정도로 많은 결과를 내어놓는다. 성공적인 CEO들은 절대로 다중 작업을 하지 않는다. 그들은 그것이 단지 10초가 되든 10분이 되든 자신의 앞에 놓인 한 가지 일에 철저하게 집중한다.

사례연구 2

2차 세계대전 당시의 미국 백악관 참모인 해리 홉킨즈는 큰 병이 있어 정상적으로 출근하여 일할 수 없었다. 그는 격일로 출근을 했고, 출근한 날에도 온종일 일하지 못했다. 그런데 믿을 수 없는 일은 그 당시 가장 많은 일을 한 사람으로 기록되었다는 사실이다. 아마도 전쟁 중이었기 때문에 백악관에 있었던 모든 사람은 열심히 일했을 것이다. 상대적으로 일을 할 수 있는 시간이 적었던 해리 홉킨스가 더 많은 일을 해낼 수 있었던 이유는 무엇이었을까? 그 이유는 바로 진정으로 중요한 일에 집중했기 때문이다. 당시 영국의 수상이었던 처칠은 해리 홉킨스를 '중요한 일만 처리하는 도사'라고 지칭했다고 한다. 이 이야기는 시간 부족의 문제는 구조적으로 해결하기 어려운 문제이지만 효과적인 노력을 통해 극복할 수 있는 문제라는 것을 보여준다.

활 동

위의 〈사례 2〉에 대한 다음 질문에 각자의 생각을 정리하고 자신의 의견을 팀원들과 공유해보자.

1. 이 이야기를 통해 느낀 점은 무엇인가?

2. 당신은 자신의 시간을 어디에 가장 많이 쓰고 있는가? 중요한 일에 집중하고 있는가?

3. 이번 절에서 학습한 내용을 바탕으로 시간관리 계획을 세워보자.

제3절 정보관리 방법

1. 집중과 성과

일하는 사람으로서 가장 큰 고민은 할 일은 많은 데 시간이 없다는 것이다. 이유가 무엇이든 간에 그것은 우리에게 늘 닥치고 있는 현실이다. 그렇다고 해서 그것이 제대로 일하지 못한 이유나 핑계가 될 수는 없다. 약속시간에 나의 업무 결과물을 기다리는 고객을 기쁘게 만족시키지 못하면 수고에 대한 보상은 기대할 수 없는 것이다.

결국, 주어진 시간 안에 가치 있는 결과를 만들어야 하는데, 막연히 최선을 다하는 것만으로 평가를 받을 수는 없다. 반드시 고객을 만족시키는 결과, 즉 성과를 만들어야 한다. 그러기 위해서는 자신이 가지고 있는 것을 최대한 생산적으로 활용하여 가능한 한 최고 수준의 결과를 만들어야 하며, 그 방법은 바로 집중하는 것이다.

집중할 수 있는 업무환경의 첫 번째는 깨끗한 업무환경이다. 업무공간이 깨끗하지 못하면 집중하기 어렵다. 물론 극한 상황에서는 그런 것들이 문제가 되지 않을 수 있지만, 일반적인 상황에서는 집중력을 떨어뜨리는 요소이다. 어지러울 정도로 정리가 안 된 책상에서 최고의 집중력을 기대할 수 없다. 둘째는 정보환경이다. 지식근로자로서 일을 하다 보면 많은 정보가 필요하다. 그때그때 필요한 정보를 신속하게 찾을 수 있어야 한다. 정보를 찾는데 시간과 에너지를 다 소비해 버리면 큰 낭패를 볼 수 있다. 일정 시간 집중하기 위해서는 언제든지 필요한 정보를 끄집어낼 수 있는 정보관리 시스템이 필요하다. 최근에는 인터넷 자체가 정보 베이스라 할 수 있지만, 내가 원하는 모든 정보를 얻을 수는 없다. 그러므로 일에서 성과를 올리기 위해서는 온라인에서든 오프라인에서든 즉시 인출 가능한 정보 체계를 갖추고 있어야 한다.

2. 깨끗한 업무환경 만들기

어떻게 하면 최고 경영자처럼 책상을 깨끗하게 유지할 수 있을까? 대기업의 최고 경영자라면 당연히 비서가 있을 것이다. 의외로 그들은 최고의 자리에 오르기 훨씬 전부터 가차 없이 서류를 처리하는 습관을 지니고 있었다고 한다. 아마도 최고 경영자의 자리까지 올라온 사람들은 과거 말단 시절에도 지금처럼 깨끗하게 책상이 정리되어 있었을 것이다.

여기서 중요한 것은 경영자들이 깨끗한 책상을 갖게 된 것 실제 이유가 유전적인 특성이나 타고난 재능, 또는 비서를 두고 있기 때문이 아니라, 서류를 정리할 때마다 그들이 수행하는 4가지 결정 때문이라는 점이다.

이 방법은 미국 대통령의 집무원칙으로, 일명 '아이젠하워 원칙'이라고 알려져 있다. 어지러운 상태를 간단하게 정돈해 주는 방법이다.

옆에 있는 다른 빈 책상이나 바닥을 4등분으로 나눈다. 그런 다음 책상에 있는 물건들을 하나씩 4등분한 공간 중의 한 곳에 놓는다. 이때 종이 한 장도 책상에 남아 있어서는 안 된다. 정리하는 동안 다른 것에는 신경 쓰지 않아야 한다. 처음에는 절대로 불가능한 것 같았던 골치 아픈 일이 깨끗하게 처리된다.

〈표 8-1〉 정리정돈방법

I. 버리기(버려야 할 것)	II. 전달하기(다른 사람에게 전달해야 할 것)
III. 처리하기(지금 해야 할 것)	IV. 제 위치에 놓기(정돈을 통해 처리될 수 있는 것)

3. 정보관리 시스템 만들기

지식사회를 살면서 즐거운 일은 지식사회의 가장 중요한 자원이고, 성과의 원재료인 정보가 쏟아지고 있다는 것이다. 다만 '구슬이 서 말이라도 꿰어야 보배'란 말이 있듯이 정보를 잘 활용하여 성과로 만들지 못하면, 그림 속의 떡을 보는 신세가 된다. 그러므로 높은 성과를 산출하는 효과적 지식근로자가 되기 위해서는 목적 없이 떠다니는 자료를 필요할 때 활용할 수 있는 정보로 관리하는 일상적인 습관이 필요하다.

쏟아지는 정보를 습관적으로 수집하기 위해서는 수집한 정보를 관리할 수 있는 시스템이 있어야 한다. 컴퓨터 하드에 폴더를 만들어 관리하거나, 자신의 홈페이지를 통해서 정보를 관리할 수 있다. 인터넷 카페나 블로그를 활용하는 것도 비용 효과적인 방법이다. 블로그는 텍스트 자료는 물론이고, 이미지 자료, 동영상 자료까지 무한대로 올려 비공개로 보관할 수 있고, 자신이 원하는 항목을 만들어 범주화시킬 수 있어 자료 관리시스템으로는 최적의 시스템이라고 할 만하다.

지식근로자는 자신이 가지고 있는 지식을 활용해서 일한다. 지식 없이 성과를 만들어 낼 수 있는 일은 거의 없다. 체계적 정보관리는 효과적 지식근로자가 되기 위한 기본적인 조건이다.

사례연구 3

2020년 K사 교육팀에 홍반석 대리가 있었다. 그는 회사 근처 원룸에 살면서 매일 저녁, 회사 안에 있는 물건 중에서 불필요하다고 판단되는 것을 10개씩의 목록을 만들고 잠들었다.
그는 아침이 되면 1시간 일찍 출근하여 목록을 들고 다니면서 불필요한 것들을 버렸다. 이런 일은 이미 1년 전부터 시작했으며 이미 2,500개의 불필요한 것이 버려졌다.
그는 계속 불필요한 물건을 버렸고, 그렇게 2년이 지났을 때는 꼭 필요한 물건만 남게 되었고 사람들은 깨끗한 환경에서 매우 높은 집중력을 발휘할 수 있었다. 3년이 지난 어느 날에는 총무팀 부장이 내려와 깨끗한 업무환경이 우리 회사의 자랑이니 쓰레기를 함부로 버리지 말라고 경고했다.
2030년 K사는 세계적인 기업이 되어 1만 명이 넘는 직원들에게 행복하게 일하는 일터로 성장했다.
홍반석 사장은 오늘도 버릴 것 목록을 만들고 잠이 들었다.

활 동

위의 〈사례 3〉에 대한 다음 질문에 각자의 생각을 정리하고 자신의 의견을 팀원들과 공유해보자.

1. 이야기의 주인공인 홍반석 대리가 빠르게 승진하여 사장이 된 결정적인 행동은 무엇인가?

2. 내가 가지고 있는 물건 중에 버릴 것 목록을 작성해보자.

3. 자신의 정보관리를 위한 범주(category)를 구분해보자.

학습평가

01 강점을 활용하는 전략이 아닌 것은?

① 강점에 집중한다. ② 강점을 개선한다.
③ 약점을 보완한다. ④ 지적 오만을 버린다.

02 시간관리의 3단계를 기술하시오.

1단계: ________________

2단계: ________________

3단계: ________________

03 시간관리 측면에서 일을 잘하는 사람의 특징은?

① 여러 가지 일을 동시에 추진한다.
② 급하게 서둘러 일을 처리한다.
③ 어떤 일을 하는 데 필요한 시간을 과소평가 한다.
④ 한 번에 한 가지 일만 하고, 중요한 일을 먼저 하는 데 에너지를 집중한다.

04 다음은 책상 또는 공간을 정리정돈하는 방법이다. 빈칸을 채우시오.

I. 버리기	II. ( )
III. 처리하기	IV. 제 위치에 놓기

학습 내용 요약

1. 자기를 개발하기 위해서는 자기가 잘할 수 있는 일, 즉 자신의 강점을 찾아야 한다. 반대로 노력을 해도 안 되는 일, 즉 약점에 매달리다 보면 발전을 기대할 수 없다.
2. 강점을 활용하는 전략은 자신이 잘 할 수 있는 강점에 에너지를 집중해야 하며 더 잘 할 수 있도록 강점을 개선해 나가는 것이다. 반면에 아무리 해도 성과가 오르지 않는 부분인 약점에 시간과 노력을 투입해서는 안 된다.
3. 지금보다 나은 삶을 진정으로 원한다면 시간을 관리하는 노력을 피해갈 수 없다. 안타까운 일이지만 앞으로 시간 부족 현상은 계속 악화될 것이다. 시간을 관리하지 못하면, 아무것도 관리하지 못한다.
4. 시간을 관리하는 단계는 분석이 필요한 양의 시간 기록하는 단계, 기록한 시간의 분석을 통한 낭비 요소를 제거하는 단계, 남은 시간을 통합하여 중요한 일에 집중적으로 쓰는 단계이다.
5. 집중할 수 있는 업무환경은 첫 번째 깨끗한 업무환경이다. 둘째는 필요한 정보를 신속하게 찾을 수 있는 정보관리환경이다.

Chapter

09

자기관리를 위한 태도

학습목표

1. 긍정적 사고의 정의와 긍정적 사고의 영향을 설명할 수 있다.
2. 긍정적 사고를 실천하기 위한 행동 원칙을 결정할 수 있다.
3. 감정관리의 개념을 설명할 수 있다.
4. 감정을 관리하는 사람의 내면적 특징을 설명 할 수 있다.
5. 균형 있는 인생을 살기 위한 5가지 요소를 설명할 수 있다.

주요용어

긍정적 사고	부정적 사고	감정관리
감정관리의 단계	인생의 5F	

미리보기

어떤 사람이 행복하게 살고 있는지 주변을 둘러보자. 머리가 좋은 부부와 태도가 좋은 부부 중에 누가 더 행복하게 살고 있는가? 또한, 많은 것을 알고 있는 선생님과 태도가 좋은 선생님 중에서 누가 더 존경을 받고 행복한 삶을 살고 있는가? 인생의 성공은 태도에 달려 있다는 사실을 잊지 말아야 한다.

이 장에서는 자기 관리의 목적을 달성하기 위해 바탕이 되는 태도인 긍정적 사고, 감정관리, 균형 있는 인생에 대하여 살펴본다.

제1절 긍정적 사고

1. 부정적 사고와 긍정적 사고

인간의 머릿속에는 들어오는 정보를 걸러내는 여과장치가 있다고 한다. 그런데 어떤 사람들은 그 여과장치의 필터가 긍정적이지만 또 어떤 사람들은 부정적이다. 세상을 긍정적으로 보는 사람에게 세상은 아름답고 가능성과 희망으로 가득한 모험의 세계가 된다. 그러나 세상을 부정적으로 보는 사람에게 인생은 시련이고 고통이 된다.

2002년 월드컵 대한민국 축구대표팀 히딩크 감독이 보여준 장점 중에 한 가지는 긍정적으로 사고하고 희망을 버리지 않았다는 것이다. 그는 경기 내용이 부진하고, 결과가 좋지 않을 때에도 한 번도 부정적인 얘기를 한 적이 없다. 그리고 그는 결국 위대한 성과를 만들어 냈다.

펜실베이니아 대학 긍정심리학 연구소의 마틴 셀리그만 박사에 따르면 긍정적인 사람은 부정적인 사람들보다 다음과 같은 특징을 나타냈다.

- 더 높은 성과를 올린다.
- 감기와 기타 질병에 대한 저항력이 강하다.
- 질병과 상해로부터 더 빨리 회복된다.
- 인간관계가 좋다. 돈을 훨씬 많이 번다.

성공한 사람 가운데 부정적인 사람은 없다. 왜냐하면, 긍정적인 상태가 성공의 일부분이기 때문이다. 성공의 바탕이 되는 긍정적으로 사고하기 위해서는 자신의 사고가 긍정적인지, 부정적인지를 인식할 수 있어야 한다. 다음은 같은 상황에서 부정적인 사고를 하는 사람과 긍정적인 사고를 하는 사람을 대비한 내용이다.

- 부정적인 사람은 “난 할 수 없어.”라고 생각한다.
- 긍정적인 사람은 “난 할 수 있어.”라고 생각한다.

- 부정적인 사람은 항상 문제를 껴안고 산다.
- 긍정적인 사람은 문제를 해결하려 애쓴다.

- 부정적인 사람은 남의 단점만 찾으려 한다.
- 긍정적인 사람은 남의 장점을 찾으려 한다.

- 부정적인 사람은 능력의 한계만 생각한다.
- 긍정적인 사람은 가능성을 생각한다.

- 부정적인 사람은 인생을 참아야 하는 시련으로 생각한다.
- 긍정적인 사람은 인생을 즐겨야 하는 모험으로 생각한다.

2000년도 출판되어 베스트셀러가 된 『부자 아빠 가난한 아빠』는 책 제목처럼 부자 아빠와 가난한 아빠를 계속 비교한다. 책 내용의 결론은 ‘부자 아빠는 긍정적으로 사고하고, 가난한 아빠는 부정적으로 사고한다’이다. 예를 들어 당장 돈이 없는데 아이가 자전거를 사 달라고 할 경우, 가난한 아빠는 “아들아 미안하다. 아빠가 너에게 자전거를 사줄 돈이 없단다.”라고 한다. 반면에 같은 상황에서 부자 아빠는 “내가 어떻게 하면 아들에게 자전거를 사줄 수 있을까?”라는 질문을 던지며 가능성을 열어 간다.

긍정적 사고는 좋은 쪽을 바라보는 마음으로 어려운 상황에서 현재를 개선하기 위한 최대의 자산이다.

2. 긍정적 사고 실천방법

긍정적 사고의 중요성은 아무리 강조해도 지나치지 않다. 하지만 긍정적 사고를 실천하는 것은 생각보다 쉽지 않다. 일부의 사람은 기질적으로 긍정적인 태도를 보이지만 대부분 사람은 그렇지 않기 때문에 의도적인 노력을 해야 한다.

우선 긍정적 사고에 앞서 사실을 직시하는 것이 필요하다. 흔히 컵에 물이 반이 남았을 때 긍정적 사고는 "아직 물이 반이나 남았다."라고 생각하는 것이라고 말하지만, 그에 앞서 물이 반 남았다는 사실을 인식하는 것이 중요하다. 객관적 사실 인식을 바탕으로 긍정적 사고를 선택해야 한다. 맛있는 음식을 먹을 때는 "아직 반이나 남았다."라고 생각하는 것이 긍정적인 사고지만 먹기 싫은 한약을 먹을 때는 "이제 반 밖에 안 남았다."라고 생각하는 것이 긍정적인 사고가 된다.

그렇다고 모든 상황에서 긍정적으로 사고하기 위해 노력할 수는 없다. 긍정적 사고가 필요한 상황은 현실적으로 자신이 바꿀 수 있는 여지가 전혀 없을 때이다. 예를 들어 자료 작성 마무리 단계에서 작업한 내용을 모두 날렸을 때, 주어진 시간 안에 할 일이 너무 많을 때 등과 같은 상황이다. 이런 상황에서는 짜증이 나고 부정적인 생각이 들 수 있지만, 현재 일어난 사실과 그 상황을 변화시킬 수 없다는 사실을 인식하고, 긍정적인 사고를 하는 것이 향후 좋은 결과를 만들 가능성을 높이게 된다.

실생활에서 긍정적 사고를 실천하기 위해서는 자신에게 닥칠 가능성이 있는 상황을 미리 설정해 놓고 그 상황에서 어떻게 생각할 것인지를 결정해 놓는 것이다. 예를 들어 '주어진 시간 안에 내가 할 일이 너무 많을 때'는 "조직에서 나를 키우려고 하는구나. 까짓것 한번 해보자."라는 생각을 하기로 정해 놓는 것이다. 이같이 자신에게 어떤 일어났을 때 해야 할 긍정적 생각을 정해 놓는 것은 결과를 좋게 만드는 생산적 습관이 될 것이다.

사례연구 1

- 명량해전 직전에 이순신은 선조에게 장계를 올렸다. "임진년으로부터 5, 6년에 이르는 동안 적이 감히 충청, 전라 양호에 쳐들어오지 못한 것은 오직 수군 선박으로 적이 쳐들어오는 길을 막아냈기 때문입니다. 지금 신에게는 아직 열두 척의 전선이 있습니다. 죽을 힘을 다하여 싸운다면, 오히려 막아낼 수 있습니다. 만일 지금 수군을 모조리 폐하신다면, 이는 적이 가장 바라는 바일 것이며, 적은 호남으로부터 한강까지 바로 진격할 것이며, 이는 신이 가장 두려워하는 바입니다. 전투선이 비록 적다고 하나 미천한 소신이 아직 죽지 아니했으니, 적이 감히 우리를 업신여기지 못할 것입니다." 그리고 그는 133척의 왜적을 물리쳤다.

- 칭기즈칸 부대가 전투를 위해 출정을 하는 날 아침이었다. 칭기즈칸이 야전 식당에서 식사를 하는데 상다리가 부러졌다. 이를 본 참모들이 전부 이렇게 말했다. "장군님, 이는 불길한 징조입니다. 오늘 전투는 취소하는 것이 좋습니다." 그러나 칭기즈칸은 호탕하게 웃으며 이렇게 말했다. "오늘 전투는 우리가 승리한다. 장군인 나의 밥상의 다리가 부러진 것은 이제 다시는 밖에서 비 맞으며 식사를 하지 않아도 된다는 것을 의미한다. 오늘로써 전쟁터에서 고생하며 밥을 먹는 일은 끝이다." 그날 칭기즈칸은 전투에서 대승을 거두었다.

- 발명왕 에디슨은 60세가 되었을 때 뉴저지주에 큰 연구소를 세우고 더욱 연구에 전념했다. 그러던 어느 날 밤에 불이나 연구소 전체가 타버리는 화재가 발생했다. 평생 연구해온 자료도 다 타버렸다. 그러나 에디슨은 걱정하는 사람들에게 이렇게 말했다. "나는 이번 재난으로 큰 가치를 얻었네. 실수했던 것이 모두 사라져 버렸어. 감사하게도 완전히 새로운 시작을 할 수 있게 됐다고." 그리고 그는 화재 3주 후에 축음기를 발명한다. 에디슨은 발명왕이기 전에 '긍정왕'이었다는 사실을 기억해야 한다.

활 동

위의 〈사례 1〉에 대한 다음 질문에 각자의 생각을 정리하고, 자신의 의견을 팀원들과 공유해보자.

1. 위의 사례를 통해 느낀 점은 무엇인가?

2. 지금까지 살면서 긍정적인 사고를 한 자신의 경험을 정리해보자.

3. 주변에 있는 사람들에게 긍정적 사고를 한 경험을 물어 정리해보자.

제2절 감정관리

1. 감정관리

1997년 개봉 영화 '접속'의 남녀 주인공(한석규, 전도연)은 사이버 공간에서 만나 얼굴도 모르는 채 사랑을 키워간다. 결국 둘은 사랑하게 되고 그렇게 영화는 끝난다. 보지도 않고 사랑하고 결혼하는 것이 영화 속에서는 극적이지만 현실에서는 감정에 의한 판단으로 매우 위험한 일이다.

인간은 감정의 동물이라 했듯이 감정이 생기는 것이야 막을 수 없겠지만 자기를 관리하기 위해서는 감정을 관리할 수 있어야 한다. 엄격하게 말하면 감정은 관리할 수 없는 대상이다. 왜냐하면 감정은 자연적으로 생겨나는 것이기 때문이다. 감정이란 어떤 자극이나 행동 시에 생기는 주관적 동요다. 슬픈 일이 있으면 슬픈 감정이 생기고 눈물이 나기도 한다. 화가 나는 일이 있으면 마음에 분노가 생기고 표정이 달라질 수 있는 것이 자연스런 일이다. 그렇기 때문에 감정을 관리할 수 없다. 여기서 말하는 감정관리는 생기는 감정을 억제하는 것이 아니라 감정이 생겼을 때 내가 어떻게 반응할 것인가를 스스로 통제하는 일을 말한다. 즉, 감정관리란 감정이 생기는 상황을 인식하고 주도적 반응을 선택하는 행동이다. 그런 면에서 감정을 관리하는 사람과 감정을 관리하지 못하는 사람 간에는 차이가 발생한다.

2. 감정을 관리하는 방법

감정을 관리하는 사람은 어떤 상황에서 감정이 생겼을 때 일단 즉시 반응하지 않고 잠시 멈춘다(Stop). 그리고 나서 자신이 어떻게 행동하는 것이 자신에게 좋을지에 대해 생각한다(Think). 그리고 자신의 행동을 선택한다(Choose). 반면에 감정을 관리하지 못하는 사람은 감정이 일어나는 자극에 멈춤 없이 즉각 반응한다. 그러므로 감정을 관리한다는 것은 감정에 따라 즉시 반응하지 않고 어떻게 행동하는 것이 바람직할 것인가를 생각한 후에 반응을 주도적으로 선택하는 것을 의미한다. 그렇게 해야 하는 이유는 감정에 따른 직접 행동을 막지 못하면 그로 인해 원하지 않는 결과가 만들어지기 때문이다. 순간적인 감정을 관리하지 못해 평생 쌓아온 모든 것을 한순간에 잃어버리는 예를 심심치 않게 찾아볼 수 있다.

[그림 9-1] 감정을 관리하지 못하는 사람의 내면

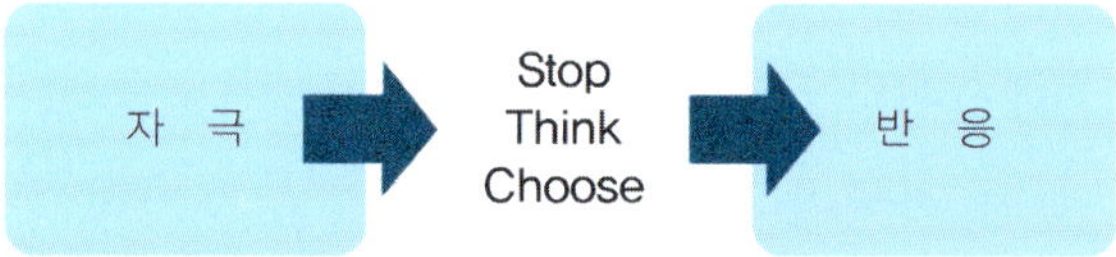

[그림 9-2] 감정을 관리하는 사람의 내면

감정을 관리하는 것은 당장의 갈등을 해결하는 행동이기도 하고, 또한 장기적인 관점에서 효과적인 결과를 만들어 가는 매우 중요한 노력이다. 사실 감정이 격해졌을 때, 잠시 멈추어 자신이 어떤 행동을 할 것인가를 결정하는 것은 결코 쉬운 일이 아니다. 하지만 꾸준한 노력을 하다 보면 습관이 되어 힘을 들이지 않고 할 수 있는 행동이 된다. 그 이후부터는 자신이 크게 애쓰지 않더라도 좋은 열매를 맺게 되는 단계로 들어가게 된다.

다음은 감정을 관리하는 행동을 하는 데 도움이 되는 감정관리 10계명이다.

<감정관리 10계명>

(1) "참자!" 그렇게 생각하라.
감정관리는 최초의 단계에서 성패가 좌우된다. '욱'하고 치밀어 오르는 화는 일단 참아야 한다.

(2) "원래 그런 거"라고 생각하라.
예를 들어 고객이 속을 상하게 할 때는 고객이란 "원래 그런 거야"라고 생각한다.

(3) "웃긴다"라고 생각하라.
세상은 생각할수록 희극적 요소가 많다. 괴로울 때는 심각하게 생각할수록 고뇌의 수렁에 더욱 깊이 빠져들어 간다. "웃긴다"라고 생각하며 문제를 단순화시켜 본다.

(4) "좋다, 까짓것"이라고 생각하라.
어려움에 봉착했을 때는 "좋다, 까짓 것"이라고 통 크게 생각하라. 크게 마음먹으려 들면 바다보다 더 커질 수 있는 게 사람의 마음이다.

(5) "그럴 만한 사정이 있겠지"라고 생각하라.
억지로라도 상대방의 입장이 되어보라. "내가 저 사람이라도 저럴 수밖에 없을 거야", "뭔가 그럴 만한 사정이 있어서 저럴 거야"라고 생각한다.

(6) "내가 왜 너 때문에"라고 생각하라.
당신의 신경을 건드린 사람은 마음의 상처를 입지 않고 있는데, 그 사람 때문에 당신이 속을 바글바글 끓인다면 억울하지 않은가? "내가 왜 당신 때문에 속을 썩어야 하지?"라고 생각한다.

(7) "시간이 약"임을 확신하라.
지금은 속상한 일도 며칠, 아니 몇 시간만 지나면 별것 아니라는 사실을 깨닫게 된다. 너무 속이 상할 때는 "세월이 약"이라는 생각으로 배짱 두둑이 생각한다.

(8) "인생은 새옹지마"라고 생각하라.
세상만사는 마음먹기에 달렸다. 속상한 자극에 연연하지 말고 "세상만사 새옹지마"라고 생각하며 심적 자극에서 탈출하려는 의도적인 노력을 한다.

(9) 즐거웠던 순간을 회상하라.
괴로운 일에 매달리다 보면 한없이 속을 끓이게 된다. 즐거웠던 순간을 회상해 보면, 기분이 전환될 수 있다.

(10) 눈을 감고 심호흡하라.
괴로울 때는 조용히 눈을 감고 위에서 언급한 아홉 가지 방법을 활용하면서 심호흡을 해본다. 그리고 치밀어 오르는 분노는 침을 삼키듯 "꿀꺽"하고 삼켜본다.

사례연구 2

〈운명을 만드는 절제의 성공학〉의 저자 미즈노 남보쿠는 전설적인 일본의 운명학자이자 사상가이다. 그는 어려서 부모를 잃고 대장장이를 하던 작은 아버지 밑에서 키워졌다. 10세 때부터 술을 배우고, 도박을 일삼고, 싸움을 일으키다가 결국 18세 되던 해에 도둑질로 감옥에 가게 되었다. 남보쿠는 감옥에 있으면서 가난하고 죄지은 사람들의 생김새가 성공한 사람들과 다른 것을 발견했다. 그는 출옥 후 자기의 운명이 궁금해서 관상가를 찾아갔을 때, 이런 말을 들었다.
"1년 안에 칼에 맞아 죽을 운명이니 속히 절로 가서 출가를 청하시오."
남보쿠는 그 길로 가까운 절에 가서 출가를 청했으나, 절의 주지스님은 1년 동안 보리와 흰 콩만으로 식사를 하고 돌아오면 받아주겠다고 말한다. 남보쿠는 바닷가에서 짐꾼으로 힘들게 일하면서도 살기 위해 보리와 흰 콩만을 먹고, 술도 끊고 버티었다. 어울리는 무리가 난폭하여 종종 싸움이 일어났지만, 작은 상처만 입을 뿐 생명에는 지장이 없었다. 1년을 무사히 넘기고 절로 향하던 그는 자신의 죽음을 예언했던 관상가를 찾아갔다. 남보쿠를 알아본 관상가는 크게 놀라며 물었다.
"운명이 완전히 바뀌었군. 어디서 큰 덕을 쌓았소, 아니면 사람의 목숨을 구했소?"
"생명을 구한 일은 없지만, 보리와 흰 콩만 먹고 1년을 살았습니다."
"식사를 절제한 것이 큰 음덕을 쌓았구려. 그것이 당신을 구했소!"
이후, 남보쿠는 출가보다는 운명을 공부해야겠다고 결심하고 전국을 돌아다녔다. 처음에는 머리 만지는 사람의 제자가 되어 3년간 사람의 얼굴 모양을 연구했다. 그다음 3년은 목욕탕에서 일하며 사람의 벗은 모습을 관찰했고, 마지막 3년은 화장터 인부로 일하면서 죽은 사람의 골격을 연구했다. 이렇게 9년간의 수업을 마친 후에 관상가로 세상에 알려지게 되었다. 남보쿠는 사람의 상을 볼 때, 좀 의심쩍으면 옷을 벗기고, 체상과 골격까지도 감정하여 백발백중 틀리지 않았다고 한다. 또 사람이 오면 일부러 거친 음식을 대접하여, 어떤 식으로 대응하는지 관찰하여 운명을 판단하기도 했다.
남보쿠는 노년에 거대한 저택에 큰 창고만 7동이 되었으나, 쌀은 물론 쌀로 만든 떡도 먹지 않았다고 한다. 3천 명이 넘는 제자들이 따랐고, 일본 조정에서 '대일본인'이라는 파격적인 칭호까지 받았던 그는 단 한 번의 실수도 없이 운명을 맞췄다고 전해진다.

활 동

위의 〈사례 2〉에 대한 다음 질문에 각자의 생각을 정리하고 자신의 의견을 팀원들과 공유해보자.

1. 위의 내용을 읽고 느낀 점은 무엇인가?

2. 이 책에서 주장하는 운명을 개척할 수 있는 힘은 무엇인가?

3. 음식 절제를 통한 자기관리 계획을 세워보자.

제3절 인생의 균형

성공한다는 것은 자신이 원하는 것을 이루는 삶을 의미한다. 그러므로 성공의 모습과 내용은 사람마다 다른 것이라 할 수 있다. 하지만 자신의 목표를 달성했다고 해서 성공한 인생이라고 단정할 수는 없다. 왜냐하면, 진정한 성공이란 원하는 어느 한 가지를 이루었다고 해서 성공한 것이라고 볼 수 없기 때문이다.

다음은 진정한 성공의 의미를 깨닫게 해주는 2000년 코카콜라 회장의 신년사 내용이다.

「삶이란… 인생을 공중에서 5개의 공을 돌리는 것(저글링)이라고 상상해 봅시다. 각각의 공을 일(finance), 가족(family), 건강(fitness), 친구(friend) 그리고 영혼(faith)이라 명명하고, 모두 공중에서 돌리고 있다고 생각해 봅시다. 조만간 당신은, 일이라는 공은 고무공이어서 떨어뜨리더라도 바로 튀어 오른다는 것을 알게 될 것입니다. 만일 당신이 이 중 하나라도 떨어뜨리게 되면 떨어진 공들은 닳고, 상처 입고, 긁히고, 깨지고, 흩어져 버려 다시는 전과 같이 될 수 없을 것입니다. 당신은 이 사실을 이해하고, 여러분들의 인생에서 이 5개의 공이 균형을 갖도록 노력해야 합니다. 그럼 어떻게 균형을 유지할 수 있다는 말입니까? 자신을 다른 사람들과 비교함으로써 당신 자신을 과소평가하지 마십시오. 왜냐하면, 우리 각자는 모두 다르고 특별한 존재이기 때문입니다. 당신의 목표를 다른 사람들이 중요하다고 생각하는 것들에 두지 말고 자신에게 가장 최선이라고 생각하는 것에 두십시오. 당신 마음에 가장 가까이 있는 것들을 당연하게 생각하지 마십시오. 당신의 삶처럼 그것들에 충실하시기 바랍니다. 그것들이 없는 당신의 삶은 무의미합니다. 과거나 미래에 집착해 당신의 삶이 손가락 사이로 빠져나가게 하지 마십시오. 당신의 삶이 하루에 한 번인 것처럼 삶으로써 인생의 모든 날을 살게 되는 것입니다. 아직 줄 수 있는 것이 남아 있다면 결코, 포기하지 마십시오. 당신이 노력을 멈추지 않는 한 아무것도 진정으로 끝난 것은 없습니다. 당신이 완전하지 못하다는 것을 인정하기를 두려워 마십시오. 우리를 구속하는 것이 바로 이 덧없는 두려움입니다. 위험에 부딪치기를 두려워 말고, 용기를 배울 수 있는 기회로 삼으십시오. 찾을 수 없다고 말함으로써 당신의 인생에서 사람의 문을 닫지 마십시오. 사랑을 얻는 가장 빠른 길은 주는 것이고, 사랑을 잃는 가장 빠른 길은 사랑을 너무 꽉 쥐고 놓지 않는 것이며, 사랑을 유지하는 최선의 길은 그 사랑에 날개를 달아 주는 것입니다. 당신이 어디에 있는지, 어디를 향해 가고 있는지도 모를 정도로 바쁘게 살진 마십시오. 사람이 가장 필요로 하는 감정은 다른 이들이 당신에게 고맙다고 느끼는 그것입니다. 시간이나 말을

> 함부로 사용하지 마십시오. 둘 다 다시는 주워 담을 수 없습니다. 인생은 경주가 아니라 그 길의 한 걸음 한 걸음을 음미하는 여행입니다. 어제는 역사(History)이고, 내일은 미스터리(Mystery)이고 그리고 오늘은 선물(Gift)입니다. 그렇기에 우리는 현재(Present)를 선물(Present)이라고 말합니다.」

이상의 이야기는 인생을 어떻게 살아야 하는지를 고민하는 사람들에게 답을 준다. 물론 인생살이에는 답이 없다. 하지만 시대가 바뀌어도 변하지 않는 기본 요소는 있기 마련이다. 코카콜라 회장이 말한 5가지 F, 즉 일(Finance), 가족(Family), 건강(Fitness), 친구(Friend) 그리고 영혼(Faith)이 삶의 기본적인 요소이다.

인생을 살다 보면 우리는 일에서 또는 경제적으로 큰 실패를 할 수 있다. 그 실패의 정도가 너무 커서 절망적인 상황에 처할 수 있다. 그렇지만 나머지 요소를 잃고 있지 않다면 다시 일어설 수 있는 희망과 기회가 있다. 즉, 나를 사랑해주는 가족이 있고, 나를 믿어 주는 친구가 있고, 힘을 낼 수 있는 건강이 있고, 맑고 깊은 정신세계가 있으면 분명 다시 일어날 수 있다. 반면에 일에서 실패하고 또한 나머지 모든 것도 잃은 상태라면 더 이상의 기회는 없을 수 있다. 자기를 관리하기 위해서는 일에서도 성공해야 하지만 나머지 분야에서도 모두 좋은 상태를 유지하는 것이 바탕이 된다는 것을 잊지 말아야 한다.

[그림 9-3]은 인생의 균형에 관련하여 자신의 현재 상태를 점검할 수 있는 진단 표이다. 이 중 일의 재무 상태는 직업을 갖기 위한 준비 상태로 바꾸어 점수를 주면 된다.

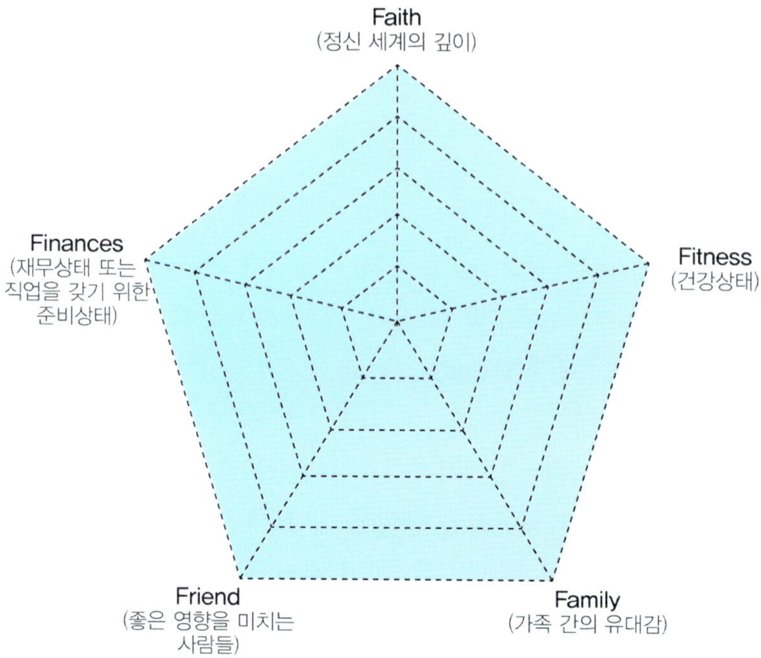

[그림 9-3] 내 인생의 균형도

사례연구 3

〈자기관리를 위한 체크리스트〉

□ 나는 내가 꿈꾸는 미래의 모습을 그릴 수 있다.
□ 나는 내가 책임질 명확한 목표가 있다.
□ 나는 목표 달성을 위해 매일 실천해야 할 행동 목표가 있다.
□ 나는 정기적으로 나의 성과를 성찰하고 분석한다.
□ 나는 나의 강점과 약점을 알고 있다.
□ 나는 나의 강점을 활용하기 위해 노력하고 있다.
□ 나는 나의 시간이 어디에 어떻게 사용되고 있는지 알고 있다.
□ 나는 나에게 중요한 일에 집중하고 있다.
□ 나는 평소 버리기를 통해 집중할 수 있는 깨끗한 환경을 유지하고 있다.
□ 나는 효율적으로 작업하거나 공부할 수 있는 정보관리 시스템을 가지고 있다.
□ 나는 긍정적인 사고를 위한 행동 원칙이 있다.
□ 나는 감정이 생겼을 때 stop, think, choose 한다.
□ 나는 일(공부), 가족, 우정, 건강, 정신에 있어 균형을 이루고 있다.

일주일에 한 번씩 자기관리 체크리스트를 읽는 습관은 자신이 도착하고자 하는 미래로 이끌어 줄 것이다.

활 동

위의 〈사례 3〉에 대한 다음 질문에 각자의 생각을 정리하고 자신의 의견을 팀원들과 공유해보자.

1. 위의 체크리스트에서 비교적 잘 하고 있는 항목은 무엇인가?

2. 위의 체크리스트에서 잘 못하고 있는 항목은 무엇인가?

3. 자기관리를 위한 행동을 실천하기 위해 어떻게 노력할 것인지 계획을 세워보자.

학습평가

01 성공한 모든 사람에게 나타난 공통적인 태도는?

① 강한 신념　② 적극적 행동　③ 긍정적 사고　④ 성실한 자세

02 컵에 우유가 반이 남아 있다. 이때 긍정적인 사람은 어떻게 사고하는가?

① 컵에 우유가 반이나 남았다.

② 컵에 우유가 반밖에 남지 않았다.

③ 컵에 우유가 반이 남아 있다.

03 다음 내용 중 맞으면 'O'표, 틀리면 'X' 표시해보자.

감정은 선택할 수 있다. (　　　　)

04 감정이 생겼을 때 감정을 관리하는 사람이 하는 3가지 행동을 기술하시오,

(1) ______________, (2) ______________, (3) ______________

05 다음은 균형 있는 인생을 위한 5가지 요소이다. 빈칸을 채우시오.

(1) 일(공부), (2) __________, (3) 친구, (4) __________, (5) 정신

학습 내용 요약

1. 긍정적 사고는 좋은 쪽을 바라보는 마음으로 어려운 상황에서 현재를 개선하기 위한 최대의 자산이다.
2. 긍정적 사고를 실천하는 방법은 자신에게 닥칠 가능성이 있는 상황을 미리 설정해 놓고 그 상황에서 어떻게 생각할 것인지를 결정해 놓는 것이다.
3. 감정관리란 감정이 생기는 상황을 인식하고 주도적 반응을 선택하는 행동이다.
4. 감정을 관리하는 사람은 어떤 상황에서 감정이 생겼을 때, 일단 즉시 반응하지 않고 잠시 멈춘다(Stop). 그리고 나서 자신이 어떻게 행동하는 것이 자신에게 좋을지에 대해 생각한다(Think). 그리고 자신의 행동을 선택한다(Choose). 반면에 감정을 관리하지 못하는 사람은 감정이 생겼을 때, 멈춤 없이 즉각 반응한다.
5. 진정한 성공이란 5가지의 공, 즉 일(Finance), 가족(Family), 건강(Fitness), 친구(Friend) 그리고 영혼(Faith)을 떨어뜨리지 않고 돌리는 것이다.

PART IV

경력개발능력

Chapter 10

경력개발과 경력개발단계

학습목표

1. 경력개발의 의미를 설명할 수 있다.
2. 경력개발의 필요성을 설명할 수 있다.
3. 경력개발의 단계를 설명할 수 있다.
4. 경력개발 단계를 나에게 적용할 수 있다.

주요용어

경력개발	경력개발 필요성	경력개발단계
직업선택	조직입사	

미리보기

사람은 각자 자신의 직업과 경험을 쌓아가기 때문에 각자 나름대로 독특한 경력을 추구하게 된다. 경력개발은 개인이 일생에 걸쳐 자신의 경력을 지속적으로 향상시켜 나가는 과정을 말한다. 경력개발능력이 필요한 이유는 환경변화, 조직 요구, 개인 요구의 관점에서 이해할 수 있다. 경력개발의 단계는 직업선택, 조직입사, 경력 초기, 경력 중기, 경력 말기의 5단계 과정으로 구분된다. 이 장에서는 경력개발의 개념과 필요성, 경력개발의 단계에 대하여 살펴본다.

제1절 경력개발의 개념과 필요성

1. 경력개발의 개념

우리는 일을 하며 직업을 가지고 살아가며, 이를 통해 자아를 실현하게 된다. 그러나 모든 사람이 같은 직업을 가지고 있지 않으며, 그 직업이나 직무 혹은 그에 해당하는 직위를 평생 유지하지도 않으며 각기 다른 경로로 살아간다. 이렇듯 모든 사람들이 각자 나름대로 살아가는 인생행로를 진로라고 할 수 있다. 한 개인의 삶이 곧 진로이며, 우리의 삶이 일과 밀접한 관련이 있기 때문에 진로는 일과 관련된 인생행로라고도 할 수 있다.

이처럼 우리는 일생에 걸쳐서 지속적으로 일과 관련된 경험을 하고 있으며 이를 경력이라고 한다. 경력은 일과 관련된 경험은 직위, 직무와 관련된 역할이나 활동뿐만 아니라 여기에 영향을 주고받는 환경적 요소도 포함한다. 또한 경력은 전문적인 일이나 특정 직업에만 한정된 개념은 아니며, 승진만을 추구하는 활동도 아니다. 누구든지 일과 관련된 활동을 하고 있으면 경력을 추구하는 것이다. 모든 사람은 각자 독특한 직무, 지위, 경험을 쌓기 때문에 각자 나름대로 독특한 경력을 추구하게 된다.

개인은 직무가 변화되는 외부적인 상황의 변화나 개인의 기대나 목표가 변화되는 주관적 인식의 변화에 따라 자신의 경력을 개발할 수 있다. 외부적 상황의 변화와 주관적 인식의 변화가 서로 상호작용하는 가운데 경력개발은 추구되기도 한다. 따라서 경력개발은 개인이 경력목표와 전략을 수립하고 실행하며 피드백하는 과정으로, 개인은 한 조직의 구성원으로서 조직과 함께 상호작용하며 자신의 경력을 개발해나간다.

경력개발은 학자에 따라 다양하게 정의되고 있는데, 한 개인이 일생에 걸쳐 자신의 경력, 즉 직무와 관련한 태도나 능력, 성과를 지속적으로 향상시켜 나가는 과정을 말한다. 경력개발은 자신과 자신의 환경 상황을 인식하고 분석하여 합당한 경력 관련 목표를 설정하는 과정으로서 경력 계획과, 경력 계획을 준비하고 실행하며 피드백하는 경력관리로 이루어진다. 경력관리는 규칙적으로 지속적으로 이루어져야 한다. 잘못된 정보나 이에 대한 이해가 부족하여 경력 목표를 잘못 설정하는 경우가 있으므로 계속적이고 적극적인 경력관리를 통해 이를 수정해나가야 하며, 환경이나 조직의 변화에 따라 새로운 미션을 수립하고 새로운 경력이동 경로를 만들어 나갈 필요가 있다.

2. 경력개발능력의 필요성

현대사회의 지식정보는 매우 빠른 속도로 변화하고 있으며, 이는 개인이 속한 조직과 일에 영향을 미친다. 또한 조직 내부적으로 경영전략이 변화하거나 승진적체, 직무환경 변화 등의 문제를 겪게 된다. 개인적으로도 발달단계에 따라 일에 대한 가치관과 신념 등이 바뀌게 되다. 따라서 직업인들은 개인의 진로에 대하여 단계적 목표를 설정하고 목표성취에 필요한 능력을 개발해 나가야 한다.

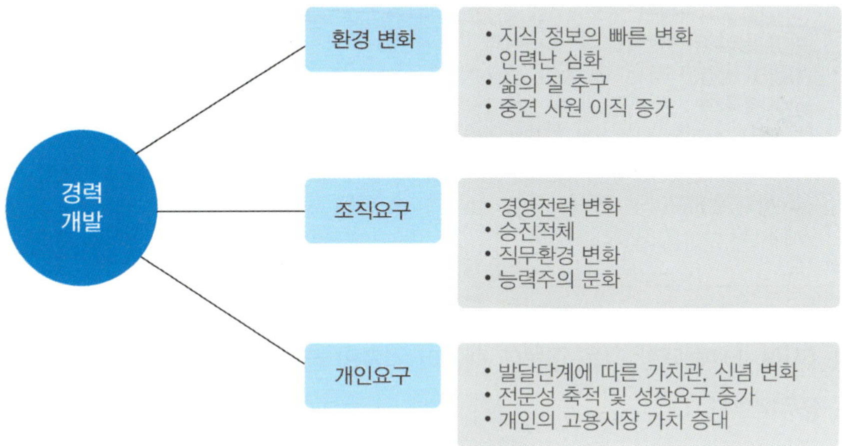

[그림 10-1] 경력개발

사례연구 1

대학 졸업 후 성공 취업을 위한 경력개발 질의

질문) 저는 대학에서 경영학과 2학년에 재학 중인 학생입니다. 저의 꿈은 '글로벌 마케팅 전문가'가 되는 것입니다. 그래서 대학을 졸업하고 대기업 마케팅 부서로 취업하려고 합니다. 제가 어떻게 준비해야 원하는 취업을 할 수 있을까요?

답변) 먼저, 대기업의 마케팅 부문은 신입보다 경력직을 선호하는 편이며, 구직자들의 인기가 많은 분야라서 경쟁이 매우 치열하기 때문에 취업을 위해서는 많은 준비와 노력이 필요합니다.

질문자님은 대학의 전공이 경영학이므로 마케팅에 대한 전문성을 키우는데 매우 유리한 상황입니다. 매학기 마케팅 관련 전공과목(마케팅, 마케팅조사, 소비자행동, 유통관리, 마케팅전략, 브랜드관리 등)을 집중적으로 수강하면서 전문성을 키우기 바랍니다. 그리고 기업 공모전의 수상 경력을 쌓고, 창업·마케팅 관련 동아리 활동을 하면서 다양한 경험을 해보세요. 또 방학을 이용하여 마케팅 분야에서 아르바이트나 인턴십, 마케팅 서포터스 등의 경험을 갖기를 권합니다. 글로벌 마케팅을 위해 외국어는 토익 800점 이상, 영어회화를 할 수 있어야 하고, IT자격증을 취득하고 학점은 평점 4.0 이상 유지하고, 자신만의 차별화된 스토리를 갖는 것이 필요합니다.

취업은 처음부터 대기업 공채를 통해 마케팅 부문 신입사원으로 입사를 하면 좋겠지만, 중소기업의 마케팅 부문에 취업을 한 후 2~3년 경력을 쌓은 뒤 대기업 경력직으로 입사하는 방법을 생각해볼 수 있습니다.

취업의 비결은 재학기간 동안 얻은 전문지식과 관련 직무경험을 통해 입사를 했을 때 자신이 실무에 바로 투입될 수 있는 인재임을 증명하는 것이 매우 중요합니다. 기업은 경력직 같은 신입을 선호하기 때문입니다.

학생이 졸업하기까지 이러한 경력개발 요소들을 어떻게 쌓아갈 것인지 구체적으로 계획을 세워 실천한다면 원하는 취업에 성공할 수 있을 것입니다. 학생의 성공취업을 기원합니다~^^

위의 〈사례 1〉에 대한 다음 질문에 대하여 각자의 생각을 정리하고, 자신의 의견을 팀원들과 공유해보자.

1. 인생을 살아감에 있어서 경력개발이 갖는 의미는 무엇일까?

2. 인간의 생애주기에서 경력관리의 필요성과 중요성에 대하여 토의해보자.

3. 나는 나의 경력목표를 어떻게 설정하고 경력개발을 해나가고 있는가?

활 동

1. 우리는 일생에 걸쳐서 일과 관련된 경험을 하게 되며, 인생의 경로와 일의 경로는 밀접한 연관성을 가진다. 나의 인생경로 설계를 위해 10년 단위의 인생계획과 여기에 영향을 미치는 가치관 변화, 가정 변화, 환경 변화 등 내·외부적 변화요인을 예측하여 보고, 자신의 일(직업)에 대한 계획을 수립해보자.

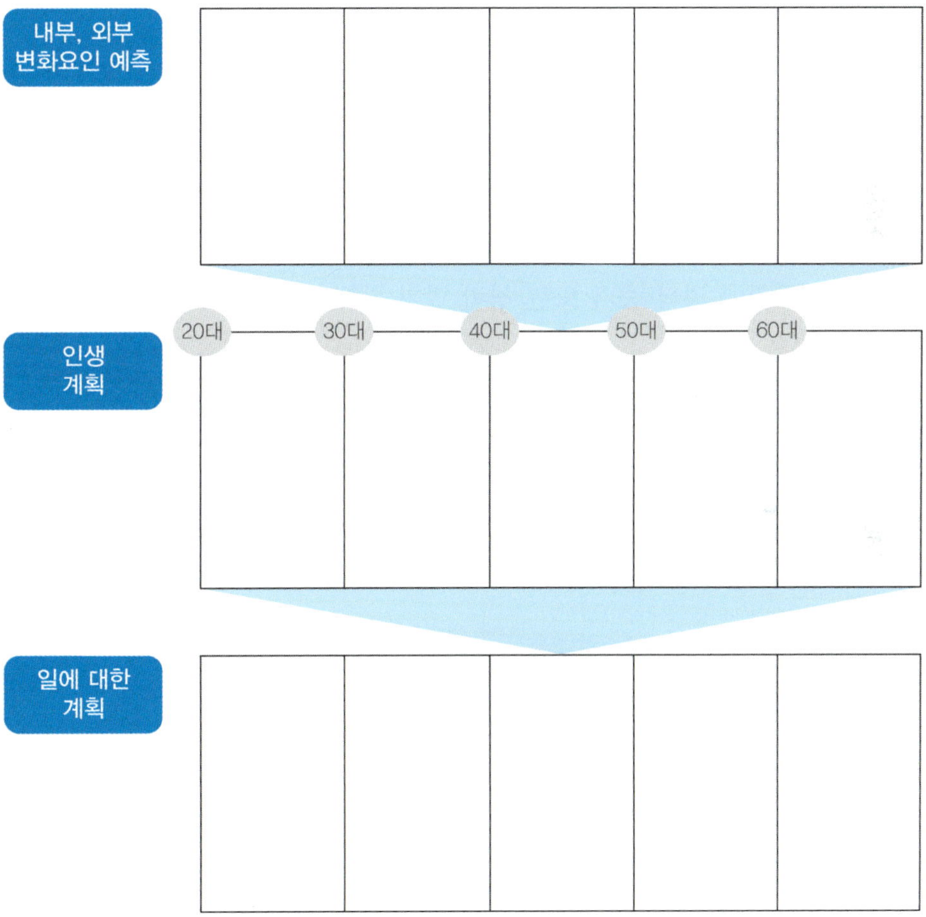

제2절 경력개발의 단계

경력개발은 일과 관련되어 일어나는 연속적인 과정이다. 경력개발 단계에 대한 많은 모형들이 있으며, 이러한 모형들은 경력이 일정한 단계를 거치면서 점진적으로 성숙된다는 전제로 대략적인 연령범위를 설정하여 설명하고 있다. 예를 들어, 경력단계모형은 시작 단계에서 특정 직업을 선택하고 계속적으로 동일한 경력분야에서 일을 해나가는 것을 가정한 것이다. 그러나 개인별로 입직 시기도 다르고 처한 환경과 상황이 달라서 경력단계를 연계시켜 일반화하는 것은 쉽지 않다.

따라서 일반적으로 다음과 같이 직업선택, 조직입사, 경력 초기, 경력 중기, 경력 말기로 나누어 볼 수 있으며, 성인 초기에 직업을 선택하고, 조직에 입사하여 경력 초기의 과정을 거치며, 성인 중기에 경력 중기 또는 경력 말기의 과정을, 성인 말기에 경력 중기 또는 경력 말기의 직업생활을 유지하고 퇴직을 준비하는 과정을 거친다.

1. 직업선택

이 단계는 자신에게 적합한 직업이 무엇인지를 탐색하고 이를 선택한 후, 여기에 필요한 능력을 키우는 과정이다. 이를 위해서 자신의 장단점, 흥미, 적성, 가치관 등 자신에 대한 탐색과, 자신이 원하는 직업에서 요구하는 능력, 환경, 가능성, 보상 등 직업에 대한 탐색이 동시에 이루어져야 한다. 이를 고려하여 자신에게 적합한 직업을 선택하고, 공공 혹은 민간의 교육프로그램을 참여하거나, 자격증을 취득하는 등 직업역량을 배양시킨다. 이 단계는 일반적으로 태어나면서부터 25세까지로 구분되지만, 사람에 따라서 직업선택은 일생 동안 여러

번 일어날 수도 있다.

2. 조직입사

자신의 일의 세계가 결정이 되면 그 일을 수행할 조직에 들어가게 된다. 이 단계에서는 일반적으로 학교를 졸업하고 자신이 선택한 경력분야에서 원하는 조직의 일자리를 얻으며, 직무를 선택하는 과정이다. 직무를 선택할 때도 직업 선택 과정과 마찬가지로 환경과 자신의 특성을 고려해야 하며, 특히 자신이 들어갈 조직의 특성을 알아보아야 한다. 이 단계는 일반적으로 18~25세에 발생되나, 각각의 교육정도나 상황에 따라 조직입사 시기가 다를 수 있기 때문에 유동적이다.

3. 경력 초기

조직에 입사하면, 직무와 조직의 규칙과 규범에 대해서 배우게 된다. 특히 자신이 맡은 업무의 내용을 파악하고, 새로 들어간 조직의 규칙이나, 규범, 분위기를 알고 적응해나가는 것이 중요한 과제이다. 또한, 궁극적으로 조직에서 자신의 입지를 확고히 다져나가 승진하는데 많은 관심을 가지는 시기이다. 경력초기 단계는 일반적으로 25~40세까지의 성인초기로 구분하지만, 무엇보다도 이 시기는 성공 지향적인 행동을 언제까지 하느냐로 구분될 수 있을 것이다.

4. 경력 중기

경력 중기는 자신이 그동안 성취한 것을 재평가하고, 생산성을 그대로 유지하는 단계이다. 그러나 경력 중기에 이르면 직업 및 조직에서 어느 정도 입지를 굳히게 되어 더 이상 수직적인 승진 가능성이 적은 경력 정체 시기에 이르게 되며, 새로운 환경의 변화(예컨대, 과학기술, 관리방법의 변화 등)에 직면하게 되어 생산성을 유지하는데 어려움을 겪기도 한다. 또한 개인적으로 현 직업이나 생활스타일에 대한 불만을 느끼며, 매일의 반복적인 일상에 따분함을 느끼기도 한다. 이에 따라 자신의 경력 초기의 생각을 재검토하게 되며, 현재의 경력경로와 관련 없는 다른 직업으로 이동하는 경력변화가 일어나기도 한다. 이 단계는 일반적으로 40~55세의 성인중기를 일컫는다.

5. 경력 말기

경력 말기에 사람들은 조직의 생산적인 기여자로 남고 자신의 가치를 지속적으로 유지하기 위하여 노력하며, 동시에 퇴직을 고려하게 된다. 특히, 경력 말기로 갈수록 경력 중기에 경험했던 새로운 환경 변화에 대처하는데 더 어려움을 겪게 되며, 퇴직에 대한 개인적인 고민과 함께 조직의 압력을 받기도 한다. 경력 말기는 대부분 50대 중반에서 은퇴 시기까지를 말하지만, 평균수명은 증가하는데 반해 인력난은 점차 심해져서 경력 말기가 과연 성인 말기에 해당하는지는 의문시되고 있다.

사례연구 2

성인남녀의 64%, 잡호핑족

직장인 3명 중 1명은 능력 개발과 급여 상승을 위해 2~3년 단위로 이직하는 이른바 '잡호핑족'인 것으로 나타났다. 평생직장에 대한 인식이 흐려지고 이직이 활발해진 만큼, 잡호핑족을 보는 성인남녀들의 시선 역시 긍정적이었다. 취업포털 잡코리아가 알바몬과 함께 성인남녀 2,448명을 대상으로 '잡호핑족 현황' 조사를 실시했다.
먼저 잡코리아가 이번 조사에 참여한 직장인들에게 '스스로 잡호핑족이라 생각하는지' 묻자, 34.7%가 '그렇다'고 답했다. 직장인 3명 중 1명이 스스로 잡호핑족이라 답한 가운데, 실제 이들이 직장을 옮기는 이유 역시 급여 상승과 경력관리 때문이었다.
잡호핑족이라 답한 응답자들에게 '이직을 결정하는 이유'가 무엇인지 묻자 '연봉을 높이기 위해(41.8%)'라는 답변과 '역량강화 및 경력관리를 위해서(31.5%)'라는 답변이 나란히 1, 2위에 오른 것. 이외에는 '상사, 동료에 대한 불만으로 인해(18.3%)', '더 큰 회사에서 일하기 위해(17.8%)', '복지제도에 만족하지 못해서(16.4%)', '적성에 맞지 않는 업무를 시켜서(16.4%)' 등도 이직을 결정하는 주요 이유로 꼽혔다(*복수응답). 잡호핑족 직장인들은 한 직장에서 '1년~2년 미만(28.2%)', '6개월~1년 미만(23.9%)'과 같이 비교적 짧게 근무한 뒤 직장을 옮기고 있었다.
한편, 성인남녀들은 능력 개발과 급여 상승을 위해 2~3년 단위로 이직하는 잡호핑족을 긍정적으로 인식하는 것으로 나타났다. 잡코리아가 설문에 참여한 전체 성인남녀들을 대상으로 '잡호핑족에 대해 어떻게 생각하는지' 질문한 결과, 64.3%가 '긍정적'이라 답했다.
잡호핑족에 대한 이미지를 조사한 결과에서도 '진취적으로 도전하는 모습이 긍정적(52.3%)', '개인 역량, 능력이 뛰어나다고 생각(38.6%)', '업계 동향 등 취업, 이직 관련 정보가 많을 것 같다(34.5%)' 등과 같이 긍정적인 답변이 1위부터 3위에 올랐다. 반면 '오랜 기간 관계를 형성하며 신뢰를 쌓기는 어려울 것 같다(31.3%)', '끈기나 참을성이 부족한 것 같다(11.6%)' 등 부정적 답변은 비교적 낮은 순위에 올랐다. 또 성인남녀 중 74.9%는 향후 '잡호핑족이 증가할 것'이라 전망하기도 했다.
출처 : 뉴시스(2019. 7. 24.)

위의 〈사례 2〉에 대한 다음 질문에 대하여 각자의 생각을 정리하고, 자신의 의견을 팀원들과 공유해보자.

1. 현대의 평생직업시대를 살아감에 있어서 직장인들은 어떻게 경력관리를 해나가야 할지에 대하여 토의해보자.

2. 20대 대학생과 졸업 후 입직한 직장인의 경력관리에는 어떤 차이가 있을까?

활 동

1. 자신의 경력단계가 직업선택, 조직입사, 경력 초기, 경력 중기, 경력 말기와 관련하여 준비단계인지, 실행 혹은 완료단계인지를 파악하여, 이미 경험한 일에 대해서는 실행 혹은 완료단계의 질문에 대한 자신의 경험을 적고, 아직까지 경험하지 못한 일에 대해서는 준비단계에 해당하는 자신의 계획을 작성하여 보자.

	준비단계	실행	완료단계
1	나는 언제, 어떤 직업을 가지려고 하는가?	나는 어떤 직업을 수행하고 있는가?	나는 직업선택에 만족하였는가?
2	나는 조직에 입사하기 위하여 준비할 것은 무엇인가? 언제쯤 입사할 예정인가?	나는 조직을 선택하고 입사할 때 어떠한 과정을 거쳤는가?	나는 지금까지 조직에 입사하는 과정에서 어떠한 경험을 하였는가?
3	나는 직무와 조직의 규칙과 규범을 배우기 위하여 어떤 노력이 필요한가?	나는 직무와 조직의 규칙과 규범을 위해 어떤 노력을 하고 있는가?	나는 직무와 조직의 규칙과 규범에 어느 정도 숙달하고 있는가?
4	나는 직무와 조직에서 안정기(정체기)에 접어들면 어떤 노력이 필요하고, 어떠한 생각을 가질 것 같은가?	나는 직무와 조직에서 안정기에 접어들면서 어떠한 생각으로 무엇을 준비하고 행동하고 있는가?	나는 직무와 조직에서 안정기(정체기)에 접어들면서 생각하고 준비한 것은 어느 정도 이루어졌는가?
5	나는 퇴직한 이후를 준비하기 위하여 어떤 노력이 필요한가?	나는 퇴직한 이후를 준비하기 위하여 지금 어떠한 노력을 기울이고 있는가?	나는 퇴직 이후의 준비와 계획을 어느 정도 잘 성취하였는가?

학습평가

01 다음은 경력개발에 대한 설명이다. (A)와 (B)에 각각 들어갈 용어를 적어보자.

> 경력개발은 자신과 자신의 환경 상황을 인식하고 분석하여 합당한 경력관련 목표를 설정하는 과정으로써 (A)와 경력계획을 준비하고 실행하며 피드백하는 (B)로 이루어진다.

(A) = ____________,　　　　(B) = ____________

02 경력개발능력이 필요한 이유에 대하여 환경변화, 개인 요구, 조직 요구의 관점에서 작성해보자.

환경변화	• • • •
조직 요구	• • • •
개인 요구	• • •

03 사람은 일반적으로 평생 동안 다음과 같은 경력단계를 거친다. 다음 중 빈칸에 들어갈 단계는?

직업선택 → (　　　) → 경력 초기 → 경력 중기 → 경력 말기

학습 내용 요약

1. 경력개발은 한 개인이 일생에 걸쳐 자신의 경력을 지속적으로 향상시켜 나가는 과정으로서 자신과 자신의 환경 상황을 인식하고 분석하여 합당한 경력 관련 목표를 설정하는 과정을 말한다.
2. 경력개발능력이 필요한 이유는 환경변화, 개인적 요구, 조직의 요구 관점에서 찾을 수 있다.
3. 경력개발의 단계는 직업선택, 조직입사, 경력 초기, 경력 중기, 경력 말기의 5단계 과정으로 나누어 볼 수 있다.
4. 경력개발 단계에 있어서 성인 초기에는 직업을 선택하고, 조직에 입사하여 경력 초기의 과정을 거치며, 성인 중기에는 경력 중기 또는 경력 말기의 과정을 거치며, 성인 말기에는 경력 중기 또는 경력 말기의 직업생활을 유지하고 퇴직을 준비하는 과정을 거친다.

Chapter 11

경력개발 계획

학습목표

1. 경력개발계획의 의미를 설명할 수 있다.
2. 경력개발계획의 수립단계를 설명할 수 있다.
3. 나의 경력개발계획을 수립할 수 있다.

주요용어

경력개발	경력개발 계획	경력개발 계획 단계

미리보기

개인이 자신의 경력을 개발하기 위해서는 경력개발이 이루어지는 단계를 알고 이에 따라 적절한 계획을 세울 수 있어야 한다. 경력개발 계획은 개인이 자신의 업무적성이나 희망과 능력 등과 관련하여 바람직한 경력을 쌓아갈 수 있도록 하는 계획활동을 말한다. 경력개발계획의 수립단계는 직무정보 탐색, 자신과 환경 이해, 경력목표 설정, 경력개발 전략수립, 실행 및 평가 등의 5단계로 이루어진다. 이 장에서는 경력개발 계획의 의미와 경력개발 계획의 수립단계에 대하여 살펴본다.

제1절 경력개발 계획의 의미

자신의 경력을 개발하기 위해서는 경력개발이 이루어지는 단계를 알고 이에 따라 적절한 계획을 세울 수 있어야 한다. 경력개발계획은 개인이 자신의 업무 적성이나 희망(직업, 직종, 부서 등)과 능력 등과 관련하여 바람직한 경력을 쌓아갈 수 있도록 하는 계획 활동을 말한다. 경력개발계획은 직무, 자신, 환경에 대한 정보에 따라 목표를 수립하고 전략을 세우며 이에 따라 추진하고 평가하는 단계로 이루어진다.

제2절 경력개발 계획의 단계

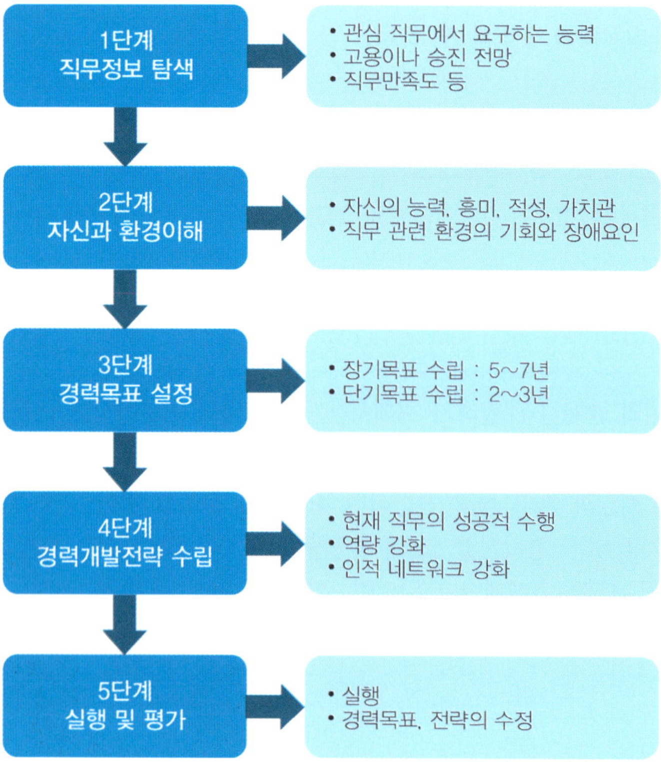

경력개발계획은 경력을 탐색하고, 자신에게 적합한 경력목표를 설정하며, 이에 따른 전략을 수립해서 실행하고, 평가하여 관리하는 단계로 이루어진다. 즉, 경력개발계획의 수립 단계는 직무정보 탐색, 자신과 환경 이해, 경력목표 설정, 경력개발 전략수립, 실행 및 평가 등의 5단계로 이루어진다. 다만 이러한 단계는 명확하게 구분되는 것은 아니며, 중복적으로 이루어질 수도 있다. 또한 실행 및 평가를 통해 수정될 수 있다.

1. 직무정보 탐색

경력개발은 1차적으로 직무정보 탐색을 통하여 이루어진다. 직무정보 탐색은 내가 관심을 가지고 하려는 직무에 대하여 구체적으로 어떠한 일을 하는지, 필요한 자질은 무엇인지, 보수나 업무조건(환경)은 어떠한지, 고용이나 승진의 전망은 어떤지, 그 직무에 종사하는 사람들의 직무 만족도는 어느 정도인지 등 해당 직무와 관련된 모든 정보를 알아내는 단계이다. 기업 현장에서는 경력을 확대하고자 하거나, 신입사원을 대상으로 직무정보 탐색 프로그램을 시행하고 있다.

2. 자신과 환경이해

경력목표를 설정하는데 도움이 될 수 있도록 자신의 능력, 흥미, 적성, 가치관 등을 파악하고, 직무와 관련된 주변 환경의 기회와 장애요인에 대하여 정확하게 분석한다. 특히, 경력개발은 자신과 환경과의 상호작용을 통해서 이루어지는 것이며, 이는 직무만족, 근속연한, 경력성공에 지대한 영향을 미치므로 환경에 대한 적극적인 탐색은 매우 중요하다.

자기탐색과 환경탐색은 다음과 같은 방법을 통해 수행할 수 있다.

구분	탐색방법
자기탐색	▪ 자기인식관련 워크샵 참여 ▪ 전문기관의 전문가 면담 ▪ 표준화된 검사 ▪ 일기 등을 통한 성찰과정
환경탐색	▪ 회사의 연간 보고서 ▪ 특정직무와 직업에 대한 설명자료 ▪ 전직 및 경력 상담 회사 및 기관 방문 ▪ 주변 지인과의 대화 ▪ 직업관련 홈페이지 탐색 : 각종 기관에서 운영하는 직업정보(Know), 자격정보(Q-net), 취업알선 정보(Work-net), 직업교육훈련정보(HRD-net. Career-net), 노동시장 정보(고용보험 DB, 실업자대책 DB)

3. 경력목표 설정

직무, 자신 및 환경에 대한 정보를 기초로 자신이 하고 싶은 일은 어떤 것인지, 이를 달성하기 위해서는 어떻게 능력이나 자질을 개발해야 하는지에 대하여 단계별 목표를 설정한다. 장기목표는 자신이 어떤 직무, 활동, 보상, 책임 등을 원하는지를 파악하고 자신이 선호하는 작업환경에서 향후 5~7년 정도를 예측하여 목표를 수립한다. 단기목표는 장기목표를 달성하기 위하여 어떤 경험을 축적해야 하는지, 어떤 능력을 개발해야 하는지, 장애요소는 무엇인지를 중심으로 2~3년 사이의 목표로 수립한다.

4. 경력개발전략 수립

경력목표를 수립하면 이를 달성하기 위한 활동 계획을 수립한다. 경력개발전략에는 첫째, 현 직무를 기반으로 성장할 수 있도록 성공적으로 직무를 수행할 필요가 있다. 성공적인 직무의 수행은 승진의 기회를 확대하는 것은 물론 미래의 고용가능성을 높일 수 있다. 우수한 아이디어를 내고 이를 성과로 연계되도록 노력해보자.

둘째, 자신의 역량을 개발하기 위하여 교육 프로그램 참가, 워크숍 참가, 대학이나 대학원 등 상급학교 진학, 학습동아리 활동 등을 할 수 있다. 이는 자신의 현재 직무 수행능력을 향상시키는 것은 물론 미래의 직무를 위해서도 활용될 수 있다.

셋째, 자신을 알리고 다른 사람과 상호작용할 수 있는 기회를 늘린다. 상사에게 자신의 능력이나 성취에 대해서 보여줄 필요가 있으며, 자신이 바라는 일을 알릴 필요가 있다. 또한 직장 선후배를 비롯하여 자신의 경력목표와 관련이 되는 인적네트워크를 구축하여 정보나 지원을 받을 수 있도록 한다.

넷째, 직장에서 업무시간에 경력개발을 한다. 사람들은 경력개발이라고 하면 직장 외장소에서 새벽시간이나 저녁시간에 하는 것을 떠올리는 경우가 있다. 그러나 기업에는 개인이 외부에서 얻는 것보다 더 풍부한 자원(인적자원, 물적자원, 시장전략, 기술력 등)이 많이 있다.

5. 실행 및 평가

경력개발전략에 따라 목표달성을 위해 실행한다. 실행 시에는 자신이 수립한 전략이 경력목표를 달성하기에 충분한지를 검토하고, 경력목표 자체가 달성될 가능성이 있는 것인지를 검토한다. 또한 예측하지 못했던 환경이나 가치관의 변화에 의하여 좀 더 구체적인 조작적 목표를 수립하거나 목표자체가 변화될 수 있다. 따라서 이러한 실행 과정을 통해 도출된 결과를 검토하고 수정한다.

사례연구 1

스마트혁신이 가져온 일터의 변화

기업 현장은 '스마트, 혁신, 업무 시스템 고도화' 등의 변화 주도의 의지를 높이기 위해 자극적인 단어로 업무와 시스템의 변화에 집중하고 있는 모습이다. LS산전은 이미 2017년 도입한 '스마트 팩토리 시범사업'을 통해 ICT(정보통신기술)와 자동화 기술 융합을 통해 다품종 대량생산은 물론 맞춤형 제품 생산도 가능한 시스템으로 운영되고 있다. 이러한 시스템은 공장자동화(FA) 시스템과 구내운송차량에 모바일 기기와 GPS 시스템을 활용한 트래킹 구축을 통하여 스마트센서를 활용한 작업자와 생산제품의 실시간 데이터 수집을 통하여 공정 프로세스의 최적화를 이루어 내고 있다. 즉 과거의 생산기획, 생산관리, 생산원가, 품질관리 등의 직무 존재 여부 결정이 현실화되고 있으며 직무수행 범위의 변화 또한 혁신적으로 변화되고 있는 모습이다.

유통업계에서 이마트는 자율주행카트 'eli(일라이)'를 2018년에 개발한 적이 있다. 'eli'는 매장이 있는 현장에서 이동하는 작은 로봇으로 사람을 인식할 수 있는 센서와 음성인식 기능, 상품 무게 인식 센서 등이 달려 있어서 상품이 있는 자리로 고객을 안내하거나 고객과 일정한 거리를 두고 따라다니도록 제작되어서 카트를 통해 즉시 결제도 가능하며 결제가 완성이 되면 시스템을 관리하는 자가 정해놓은 위치로 자동 복귀를 하는 기능을 탑재한 로봇이다. 또한 카트 내 LCD 화면을 통해 전단 상품 등 쇼핑 정보를 수시로 확인하고 안내를 받을 수 있도록 쇼핑 소요 시간과 혜택 금액, 주차 위치 등에 대한 고객 편의 정보를 실시간으로 제공하고 있다. 즉 'eli'가 전국의 전체 매장에서 고객과 만나게 된다면 판매, 영업관리, 매장관리, 고객지원 부서의 직무의 변화는 누구도 막지 못하는 현실이 될 것이다.

기업의 불황은 이어지고 지구촌에서의 공유경제 영토는 넓어지고 있다. 이는 일하는 직장인들에게 무엇을 의미하는가? 기업에 있어서 불황이라는 시장의 환경은 선제적인 사업 개편을 의미한다. WEF(세계경제포럼)는 2016년에 언급을 한 것처럼 기업은 인재와 직무 역량 간에 격차를 찾아내어 조직의 사업과 인재관리 전략의 방향을 분석하고 디지털 인재 플랫폼을 통해 프리랜서와 독립적 전문직과의 협업을 확대될 것이라고 예측했다. 그 예측은 크게 빗나가지 않고 있다. 현재 기업의 불황은 사업 개편에 따른 와해적 공유경제 확대, 사업 개편에 따른 사업 효율성 개선, 신규 사업 진출에 따른 체적의 공급망관리 시스템의 도입, 스마트형 공장, 스마트형 유통, 스마트형 물류, 사무자동화의 혁신적인 시스템 등을 통해 장기적인 비용 절감을 준비하고 있다. 기술이 변하니 업종이 변하게 되고 업종이 변하니 기업의 성패 및 직무의 존재 여부가 뻔한 현실이 된 것이다.

오늘 일터에서 근로하는 직장인 중에 아직도 "내 자리는 큰 변화가 없을 거야."라고 생각하는 직장인이 없었으면 하는 바람이다. 국가, 지역사회, 회사, 가정, 자신을 위해 열심히 일하는 직장인이 있기 때문에 우리 국가는 행복한 번영을 꿈꾸게 되며 또한 영원할 것이라고 확신한다. 그러나 끓고 있는 물속에 개구리처럼 현실의 변화를 안이하게 대처하는 것이 아닌 일터의 변화가 나 자신에게 미치는 영향력을 생각하면서 미래를 준비하며 경력개발을 해나가는 직장인이 많아지기를 고대해 본다.

출처 : 뉴스포스트, 이대성, 2020. 1. 17.

위의 〈사례 1〉과 관련하여 직장인들이 지속적으로 경력개발이 필요한 이유는 무엇일까? 또 경력개발 차원의 자기계발을 위해서는 어떤 방법으로 할 수 있을까에 대하여 토의해보자.

활 동

자신의 경력개발 계획을 수립하여 보자.

1. 나는 나의 직업과 관련하여 무엇을 얼마나 알고 있는가?

2. 자신의 경력개발과 관련하여 자신과 환경에 대해 알고 있는 것은?

3. 나는 전문가가 되기 위해 어떤 목표를 어떻게 구체적으로 수립하였는가?

4. 전문성을 높이기 위해 어떤 전략을 수립하고 실행하였는가?

1. 자신의 특징, 직무 및 직무 관련 환경의 특징에 대하여 작성해보자.

2. 자신의 경력개발목표를 장, 단기로 세워보자.
• 5년 이후 경력개발목표 :
• 2~3년간 경력개발목표 :

3. 자신의 경력개발전략을 수립하여 보자.

학습평가

01 경력개발 계획을 수립하고 실행하는 단계는 다음 그림과 같다. 2단계와 4단계에 적절한 단계는 각각 무엇인지 적어보자

1. 직무정보 탐색 → 2. ________ → 3. 경력목표 설정 → 4. ________ → 5. 실행 및 평가

02 자기탐색방법에는 어떠한 것이 있는지 작성해보자.

-
-
-
-

03 환경탐색 방법에는 어떠한 것이 있는지 작성해보자.

-
-
-
-

학습 내용 요약

1. 경력개발 계획의 수립단계는 직무정보 탐색, 자신과 환경 이해, 경력목표 설정, 경력개발 전략수립, 실행 및 평가 등의 5단계로 이루어진다.
2. 직무정보 탐색은 내가 관심을 갖는 직무에서 요구하는 능력과 자질, 보수나 업무 조건(환경), 고용이나 승진의 전망, 직무종사자들의 직무만족도 등의 해당 직무와 관련된 정보를 알아내는 단계이다.
3. 자신과 환경 이해는 자신의 능력, 흥미, 적성, 가치관 등을 파악하고, 직무와 관련된 주변 환경의 기회와 장애요인에 대하여 정확하게 분석하는 단계이다.
4. 경력목표 설정은 자신이 하고 싶은 일을 성취하기 위해 어떤 능력이나 자질을 개발해야 하는지에 대하여 단계별 목표를 설정하는 단계이다 장기목표는 향후 5~7년, 단기목표는 장기목표를 달성하기 위해 필요한 2~3년 사이의 목표를 수립한다.
5. 경력개발 전략 수립은 경력목표를 달성하기 위한 활동계획을 수립하는 것으로, 이를 위해서는 현 직무의 성공적 수행, 자신의 역량 개발, 인적 네트워크 강화, 업무를 통한 경력개발 등의 전략이 필요하다.
6. 실행 및 평가는 경력개발 전략에 따라 목표달성을 위해 실행하고, 실행결과를 통해 도출된 결과를 분석, 검토하고, 수정하는 단계이다.

Chapter 12

대학생의 경력개발과 최근 이슈

학습목표

1. 대학생의 경력개발의 의미를 설명할 수 있다.
2. 대학생의 경력개발 요소를 설명할 수 있다.
3. 나의 재학 중 경력개발 계획을 수립할 수 있다.
4. 최근의 경력개발 이슈들을 살펴보고 적용할 수 있다.

주요용어

경력개발	대학생의 경력개발	경력개발의 최근 이슈

미리보기

대학생은 다양한 경력개발을 통해 산업 변화에 능동적으로 대처하고 졸업 후 현장에서 바로 써먹을 수 있는 있는 직무수행능력을 배양해야 한다. 기업환경 변화에 민감한 청년 취업환경에서 대학생활 중 진로계획을 수립하고 이에 따라 취업을 위한 체계적인 준비를 하는 것은 매우 중요한 일이다. 취업을 위해서는 진로목표를 세우고 그 목표를 실현할 수 있도록 경력개발이 이루어져야 한다.
이 장에서는 대학생들이 졸업 후 성공 취업을 위하여 필요한 경력개발 요소와 최근의 경력개발 이슈에 대하여 살펴본다.

제1절 대학생의 경력개발 실제

대학생의 경력개발은 자신의 진로목표를 설정하고 이를 달성하기 위한 진로계획을 수립하고, 미래의 직업적 성공과 만족을 성취할 수 있도록 자신의 경력을 개발해나가는 과정을 말한다.

최근의 장기 경기침체와 저성장경제하에 청년실업문제가 대두되고 있는 상황에서 대학생의 경력개발은 졸업 후 취업문제를 해결하기 위해 매우 중요한 과정이 되고 있다. 이에 따라 대학생들이 입학 초기부터 경력개발에 노력하지 않는다면 졸업 후 직장이나 직업을 갖기 어려워질 수 있다. 이와 같은 시대적 변화는 대학생에게 사회에서 필요로 하는 온스펙(on-spec) 경력을 갖추도록 요구하고 있다.

대학생은 다양한 경력개발을 통해 산업 변화에 능동적으로 대처하고 졸업 후 현장에서 바로 써먹을 수 있는 직무수행능력을 배양해야 한다.

기업환경 변화에 민감한 청년 취업환경에서 대학생활 중 진로 계획을 수립하고 이에 따라 취업을 위한 체계적인 준비를 하는 것은 매우 중요한 일이다. 취업을 위해서는 진로목표를 세우고 그 목표를 실현할 수 있도록 경력개발이 이루어져야 한다.

그러면 20대의 청년 대학생들이 졸업 후 사회진출을 하고 성공 취업을 위해 꼭 갖추어야 할 경력개발요소로서, 외국어능력, 자격증, 공모전, 동아리활동, 봉사활동, 아르바이트, 인턴십, 워킹홀리데이, NCS 기반 채용 등에 대하여 살펴보자(이영희 등, 인성과 경력개발, 2010).

1. 외국어능력

취업에서 외국어의 중요성이 날로 커지면서 일정한 수준 이상의 어학점수를 획득해야 하는 것은 물론 외국어 면접 등을 대비하여 회화실력을 쌓는 것이 취업을 위한 필수요소가 되고 있다. 또한 영어실력이 직장생활의 필수적인 요인으로 승진과 연봉 등에 영향을 미치고 있어 직장인들도 영어학습에 많은 비용을 투자하고 있다.

대학생활 중 외국어실력 향상을 위해서는 학교에서 지원하는 외국어캠프, 해외학습 프로그램 등에 참여하는 것이 도움이 된다. 또한 관심 있는 학우들과 스터디그룹을 구성하여 실력을 쌓는 것도 효과적이다.

국내 기업들이 가장 많이 요구하는 외국어 시험으로는 TOEIC, TEPS, JLPT, HSK 등이 대표적이다. 각 외국어 시험에 대한 자세한 정보는 해당 웹사이트를 방문해 보도록 하자.

2. 자격증

자격증은 직무수행에 필요한 능력을 일정한 기준과 절차에 따라 평가하여 인정한 증명서를 의미한다. 자격증은 개인의 입장에서 취업 시 유리한 조건을 확보하고 국가적으로는 국가경쟁력 확보를 위한 우수 산업인력 양성의 척도가 될 수 있다.

물론 자격증 취득이 곧바로 100% 취업으로 연결되는 것은 아니다. 자격증 취득에 앞서 먼저 자신의 적성과 진로를 확인한 뒤 “왜 자격증을 취득하려고 하는가”에 대한 필요성을 정하고 사전정보를 파악하는 것이 중요하다. 국가공인 기관이나 공신력이 있는 기관에서 발급하는 자격증을 취득하도록 해야 한다. 그리고 자신의 전공이나 원하는 직무와 관련된 자격증을 취득함으로써 경력개발에 도움이 되고 직무 관련 전문성을 인정받도록 해야 한다.

3. 공모전

구직 이력서에 공모전 시상경력을 한 줄 넣을 수 있다면 확실히 자신을 차별화시킬 수 있다. 물론 자신의 진로 분야나 전공과 관련한 공모전 경력일 때 빛을 발한다. 일반적으로 기업 공모전에 입상을 하게 되면 자사 지원 시 가산점을 주거나 인턴십 기회를 주는 등의 채용 특혜를 주며, 타사 지원 시에도 좋은 경력이 될 수 있다.

공모전에 도전하여 무엇인가 만들어 내는 과정 속에서 창의력과 인내심을 기를 수 있고, 할 수 있다는 자신감과 도전의식을 고취할 수 있다. 또한 공모전을 준비하다 보면 자연스레 기획서, 문서작성 등의 실무적인 능력이 배양될 수 있으며, 팀워크를 통해 조화를 이루며 일하는 즐거움과 팀을 이끌어 가는 리더십도 배워나갈 수 있다.를 이루며 일하는 즐거움과 팀을 이끌어가는 리더십도 배워 나갈 수 있다.

4. 동아리활동

대학생활의 중심이 전공 공부에 있지만 학생들의 소질 개발과 인격 형성에 있어서는 과외 활동에서도 배울 것이 많다. 자신에게 맞는 동아리를 선택하여 활동함으로써 더욱 보람찬 대학생활을 할 수 있다.

동아리활동은 관심분야가 같은 학생들이 함께 모여 연구를 하거나 다양한 경험을 쌓고 취미를 발견하기도 한다. 특히, 동아리 선후배 및 동료와 폭넓은 인간관계 속에서 사회성을 향상시키며 대학생활에 필요한 알짜 정보를 얻을 수도 있다. 최근에 인기 있는 동아리는 취업역량을 높일 수 있는 어학 동아리나 공모전·자격증 동아리, 창업 동아리 등이 있다.

5. 봉사활동

산업체에서 가장 원하는 인재의 자질은 바른 인성을 가진 전문직업인이다. 이러한 인성을 기르기 위해 사회봉사활동이 효과적이다. 기업의 입사과정에서 사회봉사 경험은 좋은 인상을 심어준다. 사회봉사활동은 눈앞에 보이는 작은 이익이나 실적에 연연하지 않는 자세, 자기 몫의 주장보다 전체를 배려하는 마음, 팀워크, 나눔과 섬김의 마인드 등을 확인할 수 있는 방법이 되기 때문이다.

특히, 해외봉사활동은 해외 경험과 봉사활동이라는 두 마리 토끼를 동시에 잡을 수 있기 때문에 적극적인 참여기회를 갖기를 권한다. 방학기간 동안 2~3

주의 단기 해외봉사활동이 적당하며, 대학에서 실시하는 해외봉사 프로그램에 지원하거나 NGO 단체, 기업 주관 해외봉사 프로그램에 참여하면 된다.

6. 아르바이트

대학생들이 할 수 있는 아르바이트의 종류는 생각보다 많다. 물론 그중에서 미래를 준비하는 학생이라는 본분을 잊지 말고 자신에게 긍정적인 영향을 줄 수 있는 것을 잘 선택해야 한다. 아르바이트를 선택할 때 전공이나 특기를 살리면 경력에 도움이 되는 아르바이트를 구할 수 있다. 스튜어디스의 꿈을 가지고 있는 학생이라면 공항에서 아르바이트를 할 수 있고, 행정 경험을 하고 싶으면 학교의 행정부서나 도서관 등에서 아르바이트를 하는 것도 좋다.

아르바이트도 경력이다. 요즘은 신입사원을 채용하더라도 인턴과정이나 아르바이트를 통해 자질을 확인한 뒤 그중 일부를 뽑는 것이 채용의 새로운 트렌드로 자리 잡고 있다. 아르바이트는 실제 직무를 수행하는 데 긍정적인 영향을 미치는 만큼 입사지원서나 면접을 통해 자신의 경력을 적극 알릴 수 있는 좋은 기회가 된다.

7. 인턴십

인턴십은 학교에 재학하고 있는 학생이 일정기간 현장에서 실무를 체험·실습하는 제도이다. 최근 날로 심각해지는 청년실업률로 인해 구직 단념자의 수가 늘어나고 있는데, 청년실업률이 높은 이유는 기업에서 원하는 실무능력을 갖추지 못한 채 사회로 나온 졸업자들 또한 그 원인으로 꼽을 수 있다.

인턴십은 대학에서 배운 이론을 기업의 실무에 적용해 보는 과정으로 기업에서 요구하는 실무능력을 배양할 수 있는 좋은 기회가 된다. 많은 기업들에서는 대학 재학생을 일정기간 인턴으로 채용한 후 인턴기간의 업무 성과가 우수한 인턴사원을 정식직원으로 채용하는 인사제도를 운영하고 있다.

최근에는 글로벌 마인드를 갖춘 인재에 대한 수요가 증가함에 따라 취업경쟁력을 높일 수 있는 해외 인턴십 프로그램에 대한 관심이 높아지고 있다. 해외 인턴십의 최대 장점은 외국에서 외국어를 익히면서 실무 경험을 쌓을 수 있다는 것이다.

8. 워킹홀리데이

워킹홀리데이 비자란 '일하면서 여행할 수 있는 비자'라는 뜻으로 현지에서 일해서 번 돈으로 여행도 하고, 영어공부도 할 수 있는 비자조건을 말한다.

우리나라는 호주와 1995년 처음으로 워킹 홀리데이 비자 협정을 맺었고 현재 호주 외에 캐나다, 일본, 뉴질랜드와 비자 협정을 맺었다. 워킹홀리데이 비자는 만 18~30세의 사람들에게만 발급하며 각 해당국에 한하여 평생 1회 발급 받을 수 있고, 1년간 체류가 가능하다. 일본을 제외하고는 체류기간 중 3개월까지 어학연수도 가능하므로 영어 연수기회도 제공된다.

9. NCS 직무 중심 온스펙

NCS(국가직무능력표준, National Competency Standards)는 산업현장의 직무수행에 필요한 능력(지식·기술·태도, KSA)을 국가적 차원에서 표준화한 것을 말한다. 정부는 불필요한 오버스펙(Over-Spec) 쌓기에 몰입하는 잘못된 채용문화를 개선하고 직무수행에 적합한 온스펙(On-Spec)을 갖춘 능력 중심 사회를 조성하고자 NCS 기반 능력 중심 채용 시스템을 정착시키기 위해 노력하고 있다. 이에 올해부터는 모든 공기업 및 공공기관에 대하여 NCS 기반 능력 중심 채용 방식을 적용하고, 민간기업들도 적극 도입하도록 권장하고 있다.

NCS 기반 능력 중심 채용에서는 기존의 채용방식과 달리 채용공고 시 채용분야별로 필요한 NCS 직무능력과 직무 내용을 제시한다. 또 입사지원서에는 학력과 가족사항 같은 직무와 무관한 사항은 요구하지 않고 직무능력과 관련한 경험이나 자격 위주로 작성하며, 직무수행능력 위주의 구조화된 면접으로 평가함으로써 직무 중심, 능력 중심의 채용을 도모하고 있다.

사례연구 1

'경력자 같은 신입'을 원하는 기업들

기업들의 채용 규모는 줄어드는 반면, 구직자들의 불안감은 커지고 있다. 여기에 '경력자 같은 신입사원'을 원하는 기업이 늘어 채용박람회 현장 분위기도 밝지만은 않다. 경험이 없는 구직자들은 1~2년의 경력을 가진 경력자들과의 경쟁에서 승산이 어렵다고 생각하기 때문이다.
채용박람회에 참여한 중견·중소기업의 대부분은 신입과 경력직을 함께 채용하고 있었다. 대부분의 기업에선 이력서에 기재된 내용 중 직무와 관련한 경험 혹은 기업에서 근무한 경력을 가진 지원자를 선호했다.
인사담당자들은 1~2년 경력있는 지원자를 선호하는 추세다. 앞으로도 채용환경에서 직무역량이 차지하는 비중이 점점 더 중요해질 것이라고 전망하고 있다. 신입사원 서류전형에서 인사담당자들이 가장 많이 보는 평가 항목으로는 '직무경험'이 꼽혔다. 사람인이 기업 263개를 대상으로 설문조사한 결과, 이력서에서 '인턴 등 직무경험'(48.3%)을 가장 중요하게 평가한다고 답했다. 이어 '전공'(19%), '자격증'(8.7%), '대외활동 경험'(6.5%) 등이었다. 주로 실무 경험이나 잠재력을 평가할 수 있는 항목이었다.
냉혹해지고 있는 채용환경에서 많은 대학생들이 졸업 유예를 선택하거나 졸업 후 공백기를 갖고 '취업 스펙'을 쌓고 있다. 구직자들은 직무와 관련된 경력을 쌓지 못하면 면접 현장에서 투명인간 취급을 받을 수 있다는 사실을 체감하고 있다. 그렇다면 '경력자 같은 신입사원'이 되기 위해 어떻게 대비해야 할까. 채용 관련 전문가들은 자신의 진로를 찾고 그와 관련한 직무 지식과 경험을 쌓는 것이 방법이라고 조언했다.
사재욱 한양대학교 커리어개발센터장은 "현실적으로 대학교 저학년부터 취업 준비가 돼 있지 않으면 앞으로는 취업이 더욱 힘들어진다"면서 "저학년 때부터 직무 적합성을 쌓을 수 있는 준비가 탄탄하게 된다면 관련 전공자가 아니더라도 합격 희망이 보일 것"이라고 조언했다.
대학 내 경력개발센터에서 운영하는 취업 프로그램, 정부 취업성공패키지 등 구직자들을 위한 다양한 취업지원사업이 많다. 또 대기업 보다 적은 규모의 회사에서 경험해볼 수 있는 기회도 있다. 구직자들에게 이 기회들을 놓치지 말라고 권하고 싶다. 남들보다 먼저 자신의 길을 만들어가는 것이 좁은 취업의 문도 뚫고 나갈 수 있는 경쟁력이 될 것이다.

출처 : 잡스페셜, 2019. 12. 6.

위의 〈사례 1〉에 대한 다음 질문에 대하여 각자의 생각을 정리하고, 자신의 의견을 팀원들과 서로 공유해보자.

1. NCS 기반 채용 시스템과 일반기업의 기존 채용 시스템 간의 차이점에 대하여 토의해보자.

2. NCS 기반 채용 시스템을 적용하는 기업에 입사를 하기 위해 필요한 취업준비 및 경력개발 방법에 대하여 토의해보자.

활 동

대학생이 대학생활 동안 경력개발 계획을 설계하기 위해서는 먼저 내가 희망하는 미래의 직업을 예상해보고 미래직업에 필요한 경력을 조사해보는 것이 필요하다. 그러면, 대학생활 동안 자신의 진로목표 달성을 위해 갖추어야 할 경력개발 계획서를 작성해보자.

1. 직업탐색과 진로를 통해 결정한 자신의 희망직업 및 직무능력에 필요한 온 스펙 기반의 경력개발 요소를 작성해보자.

나의 희망직업	

나의 경력개발요소(자격증, 외국어, 인턴십, 공모전 등)
1.
2.
3.
4.
5.
6.

2. 내가 대학 졸업후 희망하는 직업을 갖고 성공적인 취업을 하기 위해 대학생활 동안 실천해야 할 경력개발 목표와 실천사항을 작성해보자

♠ 나의 경력개발목표와 실천사항		
대학 경력개발목표		
1-1학기	목표	
	실천사항	
1-2학기	목표	
	실천사항	

2-1학기	목표	
	실천사항	
2-2학기	목표	
	실천사항	
3-1학기	목표	
	실천사항	
3-2학기	목표	
	실천사항	
4-1학기	목표	
	실천사항	
4-2학기	목표	
	실천사항	

3. 자신의 성공적인 취업을 위하여 희망 직무를 기초로 하여 NCS 기반의 경력개발계획을 세워보자.

나의 희망 직무	
능력단위 및 능력단위요소	
경력개발 계획 (On Spec 기반)	

제2절 경력개발의 최근 이슈

우리나라는 최근 청년실업의 증가와 함께 직업을 가지고 있어도 고용이 불안정하여 평생에 걸쳐 경력개발을 하지 않으면 안 되는 시대가 되었다. 이와 관련하여 최근 경력개발과 관련된 이슈를 알아보고 자신의 경력 계획을 점검하여 보자.

1. 평생학습사회

지식과 정보의 폭발적인 증가로 새로운 기술개발에 따라 직업에서 요구되는 능력도 변화하고 있으며, 지속적인 능력개발이 필요한 시대가 되었다. 평생직장이라는 말은 사라진지 오래이며, 평생 동안 여러 개의 직업 경력을 가지는 사람도 증가하고 있다. 따라서 개인 각자가 자아실현, 생활향상 또는 직업적 지식, 기술의 획득 등을 목적으로 생애에 걸쳐서 자주적, 주체적으로 학습을 계속할 수 있는 평생학습사회가 도래하였으며, 평생학습사회에서는 개인이 현재 가지고 있는 능력보다 개인의 학습하는 능력과 이에 대한 자기개발 노력이 더욱 중요시되고 있다.

2. 투잡스(two-jobs)

지속적인 경기불황에 따라 2개 혹은 그 이상의 직업을 가지는 사람들이 늘어나고 있다. 특히, 주 5일제가 시행되면서 이러한 투잡은 더욱 확대되고 있다. 직장인의 투잡에 관한 의견조사 실시 결과를 보면 직

장생활을 하면서 투잡을 하고 있거나 여건이 되면 투잡을 가질 의사가 있는 사람은 71.0%에 해당하였으며, 투잡을 희망하는 이유로는 경제적 이유(59.5%)가 가장 높았으며 그 다음으로 자투리시간활용(21.5%), 전문실력을 쌓기 위해서(13.4.%), 향후 커리어를 대비하기 위해서(5.1%) 순으로 높게 나타났다.

3. 청년실업

외환위기 이후 우리나라 노동시장에서 청년 실업은 매우 큰 문제로 부각되고 있다. 통계청이 발표한 2016년 12월 현재 청년 실업률은 9.8%로, 이는 2000년 통계 집계 이후 최고치이다. 그동안 청년실업률은 7~8%대를 유지해왔으나 2014년 들어 9.0%를 넘어선 이후 3년 연속 9%대를 기록했다. 장기 경기침체하의 저성장구조 속에서 올해도 이 같은 추세가 이어지면 한국도 스페인, 그리스 등 남유럽국가들처럼 청년실업률 두 자릿수 클럽에 가입할 수 있다는 우려가 나오고 있다. 청년 노동시장은 경기변동에 매우 민감하다. 경기 침체 시 대부분의 기업들은 우선적으로 신규채용을 억제하기 때문이다.

청년실업 관련 신조어

- 낙바생 : 낙타가 바늘구멍 통과하듯 취업이 어려운 졸업 예정자
- 대5 : 대학 5학년생
- 삼일절 : 31세가 되면 절망
- 십장생 : 10대도 장차 백수를 생각해야 된다
- 이태백 : 이십대의 90%가 백수
- 오륙도 : 56세 까지 직장에 남아 있으면 도둑
- 취업 5종 세트 : 취업에 꼭 필요한 인턴십, 아르바이트, 자격증, 공모전, 봉사활동

4. 창업경력

전 세계적으로 창업이 증가하고 있는 추세이다. 최근에는 인터넷의 확산으로 공간이나 시간의 제약 없이 손쉽게 창업을 하고 있으며, 여성들의 창업도 증가

하고 있다. 창업을 하는 이유로는 정치 변화, 경제 변화, 회사생활에 대한 불만 등이 지적되고 있다.

모든 사람들이 자신의 사업을 경영하고 싶은 소망을 가지고 있듯이 창업이 매력적인 것은 틀림없지만, 창업에 성공하기 위해서는 자신의 흥미, 재능, 가치, 라이프 스타일을 철저히 이해하고, 업무 환경에 대한 충분한 정보를 얻은 후에 구체적인 목표와 전략을 수립하여 실행해야 한다.

5. 소셜 네트워크 구인 구직

기업 인사담당자들은 앞으로 취업시장의 핵심 키워드로 '소셜 네트워크 구인·구직활동'을 꼽았다. 잡 코리아는 지난달 13일부터 19일까지 기업 인사담당자 262명을 대상으로 <2011년 취업시장 핵심 키워드>를 조사했다. 조사 결과, 올해 취업시장의 이슈는 트위터, 페이스북 등 SNS를 구인·구직활동에 활용하는 '소셜 네트워크 구인·구직활동'이 64.9%로 1위였다. 실제로 삼성전자 채용 트위터는 팔로워가 6,900명을 넘어섰으며, 그 외에 KT, LG디스플레이, CJ, GM대우, 동원그룹, 대우 등 많은 기업들이 채용 SNS를 운영한다.

6. 일과 생활의 균형(WLB)

컨설팅 기업인 타워스 페린이 최근 16개 국가 직장인 8만 6,000여 명을 대상으로 인재를 끌어들이는 주요인에 대해 조사한 결과, 우리나라의 경우 경쟁력 있는 복리후생제도가 1위, 일과 삶의 균형이 2위로 나타나 일과 생활의 균형에 대한 관심이 증가하고 있는 것을 알 수 있다. 그러나 선진국에서는 이미 WLB (Work and Life Balance) 프로그램이 보편화되었지만 우리나라에서는 일부 대기업이나 사정이 나은 중소기업 정도가 WLB 프로그램을 도입했거나 검토 중이다. 경영적 측면에서 적지 않은 비용이 들어가지만, 긍정적 효과는 당장 가시화되지 않기 때문이다.

7. 4차 산업혁명시대 도래

4차 산업혁명은 3차 산업혁명의 정보통신기술 기반 위에서 산업 간의 경계가 허물어지고 대량의 정보를 다양한 기기들이 공유하며 융합과 네트워크를 특징으로 하는 기술혁명이다. 즉, 사물인터넷(IoT)과 인공지능을 기반으로 사이버 세계와 물리적 세계가 네트워크로 연결되는 통합체계로서 사람과 사물, 사물과 사물이 네트워크로 연결되고 이러한 초연결성으로 축적된 빅데이터(Big Data)를 분석하고 패턴을 파악하여 인간의 행동을 예측하고 새로운 가치를 창출해내는 특징을 갖는다. 이에 따라 사물인터넷, 빅데이터, 인공지능, 로봇, 3D 프린팅, 생명·의료 분야, 자율주행 자동차, 나노기술, 신소재 사업 등이 각광을 받고 있다.

4차 산업혁명은 기존의 많은 일자리가 소멸되고 새로운 일자리가 창출될 것으로 예상된다.[1] 4차 산업혁명은 미래 세대가 맞이할 일자리와 고용구조의 변화뿐만 아리라 경제, 사회, 문화, 정치 시스템 전반의 혁명적 변화를 가져올 수 있기 때문에 이에 대응하는 노력이 요구된다고 하겠다.

---

1) 2016년 다보스 포럼에 의하면, 2020년까지 인공지능과 로봇 등의 발달로 인해 기존의 일자리는 710만 개가 소멸하고, 신규로 200만 개의 일자리가 창출되어 총 510만 개의 일자리 감소를 예상하고 있다.

사례연구 2

직장인의 88.6% "현재 직업에 불안감 느껴"

대부분의 직장인이 현재 일하고 있는 직종에 불안감을 느껴본 적이 있는 것으로 나타났다. 생활밀착 일자리를 제공하는 벼룩시장구인구직(대표 장영보)이 직장인 1,975명을 대상으로 현재 직업 불안감에 대해 설문한 결과 88.6%가 불안감을 느껴본 적이 있다고 답했다. 이 같은 생각은 40대가 91%로 가장 많이 느끼고 있었으며 30대(88.9%), 50대 이상(87.2%), 20대(85.5%)의 순이었다.

직업에 대해 불안감을 느낀 이유로는 '비전이 없는 직종이라서'(21.7%)를 가장 많이 꼽았다. 근소한 차이로 '연봉이 적은 직업이라서'(21.1%), '나이에 영향을 받는 직종이라서'(19.2%)가 뒤를 이었으며 '업무량이 많아 워라밸이 좋지 않은 직종이라서'(13.6%) 등의 의견도 있었다.

연령별로 살펴봤을 때 20대, 30대의 경우 '비전이 없는 직종이라서'를 가장 많이 선택한 반면, 40대, 50대 이상의 경우 '나이에 영향을 받는 직종이라서'를 가장 많이 선택해 연령별 차이도 두드러졌다.

또한 전직 의향에 대해 묻는 질문에는 75.6%가 '있다'고 답해 직장인들은 평생 직업이 아닌 플랜 B 등 여러 가능성을 열어두는 것으로 조사되었다.

실제 응답자들은 은퇴까지 현재 직업을 유지하는 건 어려울 것이라고 전망하기도 했다. 현재 직업으로 은퇴하는 것이 '충분히 가능할 것 같다'는 응답은 18.4%에 불과했다. '쉽지 않겠지만 노력한다면 가능할 것 같다'는 45%, '힘들 것 같다'는 36.6%였다. 전직을 원했던 응답자들을 직종별로 살펴보면 '전문·특수직' 종사자의 경우 다른 직종으로의 이직 의향이 13.9%로 1위를 차지했다. 다음으로 '고객상담·서비스'(12.7%), '생산·기술·건설'(12.5%), '영업·영업관리'(9.8%), '인사·총무'(9.3%), '교육·상담·컨설팅'(8.7%) 등의 순으로 전직 의향을 내비쳤다. 다른 직종으로 이직 계획이 있다고 밝힌 응답자들은 '자격증 취득'(34.6%)을 통해 전직 준비를 가장 많이 하고 있었으며 이 외에도 '취업사이트를 통한 구직정보 수집'(31.9%), '외국어 공부'(15.2%), '경력 및 포트폴리오 관리'(11%), '이력서, 자기소개서 수시 업데이트'(5.7%) 등의 준비도 하고 있었다. 한편 전직을 한다면 '나이와 관계없이 일할 수 있는 직업'(33%)을 선택하겠다는 답변이 가장 많았다. 이어 '고용 안정성이 보장되는 직업'(23.5%), '미래 전망이 뛰어난 직업'(15.5%), '워라밸이 좋은 직업'(15.1%) 등을 꼽아 많은 직장인들이 정말 하고 싶은 일에 대한 동경 때문이 아닌 미래에 대한 불안감을 줄이기 위해 다른 직종으로 이직을 고려하고 있음을 알 수 있었다.

출처 : VERITAS, 2019. 5. 16.)

위의 사례에 대한 다음 질문에 대하여 각자의 생각을 정리하고, 자신의 의견을 팀원들과 서로 공유해보자.

1. 직장인의 88.6%가 현재 직업에 불안감을 느낀다는 조사 결과가 나의 경력개발에 주는 시사점은 무엇인가?

활 동

1. 자신과 관련 있는 경력개발 이슈를 작성하여 보자.

-
-
-
-

2. 다음 자료를 참고하여 자신의 경력단계를 예측하여 보자.

○ 한국인 평균수명 30년 전보다 15년 길어짐
-1977년(64.5세), 1993년(72.8세), 2005년(77.9세)

○ 우리나라 기업의 평균 정년 연령은 57세, 실제로 직장을 그만둔 나이는 53세

○ 국민연금 수급연령 상향화
- 현재(60세), 2013년(61세), 2018년(62세), 2023년(63세), 2028년(64세), 2033년(65세)

출처: 통계청

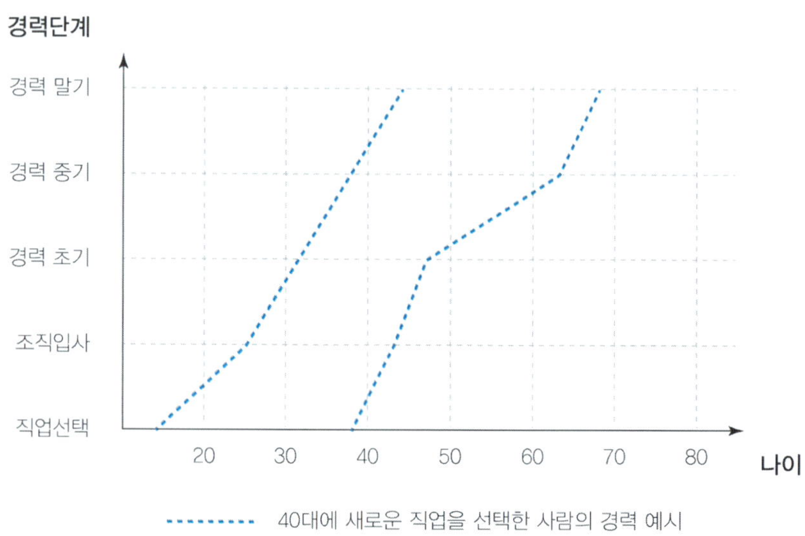

학습평가

01 대학생이 졸업 후 성공취업을 위해 갖추어야 할 경력개발 요소를 5가지 이상 제시해보자.

-
-
-
-
-
-

02 위의 경력개발 요소 들 중에서 나의 온스펙 경력을 위해 꼭 필요한 것을 3가지 골라보자.

-
-
-

03 경력개발과 관련된 다음의 이슈와 이에 대한 설명을 적절히 연결하여 보자.

평생학습사회 •	• 두개 혹은 그 이상의 직업을 동시에 가지는 것
	• 2016년 9.8%로 200년 이후 최고치
투잡스 •	• 지식과 정보가 폭발적으로 증가함에 따라 개인의 학습능력과 자기개발이 더욱 중요시 됨
청년실업 •	• 주 5일제의 확산에 따라 더욱 증가
4차산업혁명 •	• 사물인터넷과 인공지능을 기반으로 사이버 세계와 물리적 세계가 네트워크로 연결되는 하는 통합체계

학습 내용 요약

1. 대학생의 경력개발은 자신의 진로목표를 설정하고 이를 달성하기 위한 진로계획을 수립하고, 미래의 직업적 성공과 만족을 성취할 수 있도록 자신의 경력을 개발해나가는 과정을 말한다.
2. 대학생이 성공 취업을 위해 갖추어야 할 경력개발 요소로는 외국어능력, 자격증, 공모전, 동아리활동, 봉사활동, 아르바이트, 인턴십, 워킹홀리데이, NCS 기반의 직무중심 온스펙 등이 있다.
3. NCS(국가직무능력표준)는 정부가 구직자들의 무분별한 오버 스펙을 지양하고 NCS를 통해 구직자가 원하는 직무 기반의 온 스펙으로 인재들의 능력을 검증하는 능력중심 채용 문화를 정착시키기 위해 도입하고 있는 제도이다.
4. 경력개발과 관련한 최근 이슈로는 평생학습사회, 투잡스, 청년 실업, 창업경력, 소셜네트워크 구인 구직, 일과 생활의 균형(WLB), 제4차 산업혁명시대의 도래 등이 있다.

사후평가

체크리스트

직업기초능력으로서 자기개발능력을 학습한 것을 토대로 다음 표를 이용하여 자신의 수준에 해당되는 칸에 ✓표 하시오.

구분	문항	매우 미흡	미흡	보통	우수	매우 우수
자기관리 능력	1. 나는 자기관리와 자기관리능력에 대한 개념을 설명할 수 있다.	1	2	3	4	5
	2. 나는 자기관리단계에 따라 자기관리 계획을 수립할 수 있다.	1	2	3	4	5
	3. 나는 어떠한 과제를 우선적으로 수행해야 되는지 설명할 수 있다.	1	2	3	4	5
	4. 나는 인내심을 가지고 일을 할 수 있다.	1	2	3	4	5
	5. 나는 긍정적인 마음을 가지기 위한 방법을 설명할 수 있다.	1	2	3	4	5
	6. 나는 업무수행 성과를 높이기 위한 전략들을 설명할 수 있다.	1	2	3	4	5
	7. 나는 합리적인 의사결정의 개념을 설명할 수 있다.	1	2	3	4	5
	8. 나는 합리적인 의사결정과정을 설명할 수 있다.	1	2	3	4	5
경력개발 능력	1. 나는 경력의 개념을 설명할 수 있다.	1	2	3	4	5
	2. 나는 경력개발의 개념을 설명할 수 있다.	1	2	3	4	5
	3. 나는 경력개발의 중요성을 설명할 수 있다.	1	2	3	4	5
	4. 나는 경력단계가 어떻게 진행되는지 설명할 수 있다.	1	2	3	4	5
	5. 나는 나의 경력단계가 지금 어디에 해당하는지 설명할 수 있다.	1	2	3	4	5
	6. 나는 경력개발 계획 수립단계에 따라 나의 경력개발 계획을 수립할 수 있다.	1	2	3	4	5
	7. 나는 경력개발목표에 따른 적절한 전략을 수립할 수 있다.	1	2	3	4	5
	8. 나는 나의 경력개발과 관련된 최근의 이슈를 설명할 수 있다.	1	2	3	4	5

구분	문항	매우 미흡	미흡	보통	우수	매우 우수
	1. 나는 자기개발의 의미를 설명할 수 있다.	1	2	3	4	5
	2. 나는 자기개발능력의 의미를 설명할 수 있다.	1	2	3	4	5
	3. 나는 자기개발의 특징을 설명할 수 있다.	1	2	3	4	5
	4. 나는 현대사회에서 자기개발이 필요한 이유를 설명할 수 있다.	1	2	3	4	5
	5. 나는 자아인식의 개념을 설명할 수 있다.	1	2	3	4	5
	6. 나는 자기관리의 개념을 설명할 수 있다.	1	2	3	4	5
자기개발 능력	7. 나는 경력개발의 개념을 설명할 수 있다.	1	2	3	4	5
	8. 나는 자기개발을 방해하는 장애요소를 해결할 수 있다.	1	2	3	4	5
	9. 나는 자기개발 계획의 수립 전략을 설명할 수 있다.	1	2	3	4	5
	10. 나는 자기개발 계획 수립이 어려운 이유에 대해서 설명할 수 있다.	1	2	3	4	5
	11. 나는 브랜드의 조건을 설명할 수 있다.	1	2	3	4	5
	12. 나는 자신을 브랜드화하기 위한 전략을 설명할 수 있다.	1	2	3	4	5
	13. 나는 브랜드를 PR하는 방법을 설명할 수 있다.	1	2	3	4	5
	1. 나는 직장생활에서 나를 아는 것이 왜 중요한지 설명할 수 있다.	1	2	3	4	5
	2. 나는 자아인식의 개념을 설명할 수 있다.	1	2	3	4	5
	3. 나는 나를 알아가는 방법에는 어떠한 것이 있는지 설명할 수 있다.	1	2	3	4	5
	4. 나는 조 해리의 창에서 자아를 구분하는 두 가지 기준을 설명할 수 있다.	1	2	3	4	5
자아인식 능력	5. 나는 다른 사람과의 커뮤니케이션을 통해서 나를 발견할 수 있다.	1	2	3	4	5
	6. 나는 나의 직업흥미를 알고 있다.	1	2	3	4	5
	7. 나는 나의 적성을 알고 있다.	1	2	3	4	5
	8. 나는 흥미와 적성을 개발하는 방법을 설명할 수 있다.	1	2	3	4	5
	9. 나는 자신을 인식하는 데 있어서 자기성찰이 왜 필요한지 설명할 수 있다.	1	2	3	4	5
	10. 나는 자기성찰을 연습하는 방법을 설명할 수 있다.	1	2	3	4	5

평가방법

체크리스트의 문항별로 자신이 체크한 결과를 아래 표를 이용하여 해당하는 개수를 적어보자.

학습모듈	점수	총점	총점/문항 수	교재 page
자기개발능력	1점 × (　　　)개		총점 / 13 = (　　)	pp.17-63
	2점 × (　　　)개			
	3점 × (　　　)개			
	4점 × (　　　)개			
	5점 × (　　　)개			
자아인식능력	1점 × (　　　)개		총점 / 10 = (　　)	pp.67-105
	2점 × (　　　)개			
	3점 × (　　　)개			
	4점 × (　　　)개			
	5점 × (　　　)개			
자기관리능력	1점 × (　　　)개		총점 / 8 = (　　)	pp.109-158
	2점 × (　　　)개			
	3점 × (　　　)개			
	4점 × (　　　)개			
	5점 × (　　　)개			
경력개발능력	1점 × (　　　)개		총점 / 8 = (　　)	pp.161-201
	2점 × (　　　)개			
	3점 × (　　　)개			
	4점 × (　　　)개			
	5점 × (　　　)개			

평가결과

모듈별 평균점수

3점 이상 : 우수
3점 미만 : 부족

→ 평가수준이 '부족'인 학습자는 해당 학습모듈의 교재 page를 참조하여 다시 학습하십시오.

총괄평가

1 다음은 자기개발과 자기개발능력에 대한 설명이다. (가), (나), (다)에 각각 들어갈 적절한 용어를 순서대로 올바르게 나열한 것은?

> 자기개발은 자신의 능력, 적성 및 특성 등에 있어서 (가)와 (나)를 찾고 확인하여 (가)를 강화시키고, (나)를 관리하여 성장을 위한 기회로 활용하는 것이며, 직업기초능력으로서 자기개발능력은 직업인으로서 자신의 능력, 적성, 특성 등의 객관적 이해에 기초하여 (다)를 스스로 수립하고 성취해나가는 능력이다.

① 기술, 특기, 발전목표 ② 강점, 약점, 발전목표

③ 장점, 단점, 능력표준 ④ 기술, 특기, 능력표준

2 다음 중 자기개발의 특징에 대한 설명으로 적절한 것은?

① 사람들은 모두 자기개발에 있어서 지향하는 바가 비슷하다.

② 자기개발은 일시적으로 이루어지는 과정이다.

③ 자기개발은 일과 관련하여 이루어지는 활동이다.

④ 자기개발은 승진이나 이직을 원하는 사람만 하는 것이다.

3 자기개발의 필요성에 대한 설명으로 적절하지 않은 것은?

① 직장생활에서 효과적으로 업무를 처리하기 위함이다.

② 변화하는 환경에 적응하기 위해서 자기개발은 이루어진다.

③ 자기개발은 주변 사람과의 관계에서 우위에 서기 위해 필요하다.

④ 자신이 달성하고자 하는 목표를 성취하기 위해서 자기개발을 한다.

4 자기개발은 다음의 세 가지로 이루어진다. 자기관리와 경력개발 그리고 나머지 이것은 무엇인가?

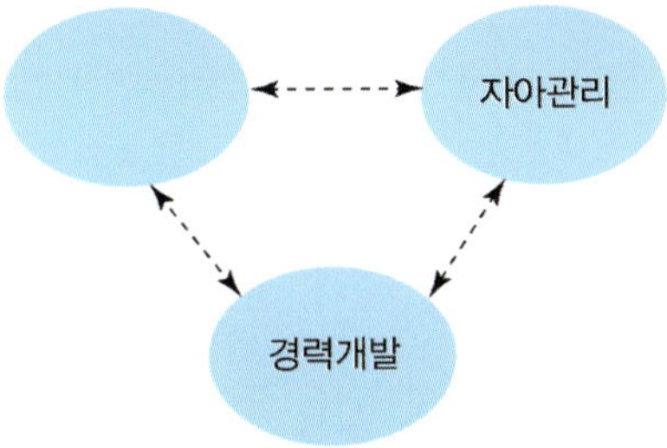

5 자기개발 중 다음 괄호가 설명하는 것은 무엇인가?

> (　　　)은 일생에 걸쳐서 지속적으로 이루어지는 일과 관련된 경험이며, (　　　)개발은 개인이 목표와 전략을 수립하고 실행하며 피드백하는 과정이다. 직업인은 한 조직의 구성원으로서 자신의 조직과 함께 상호작용하며 자신의 (　　　)을 개발해 나가는 특징을 가진다.

6 다음 괄호 안에 들어갈 말은 무엇인가?

> (　　　)란 자신을 이해하고 목표를 성취하기 위하여 자신의 행동 및 업무수행을 관리하고 조정하는 것이다. (　　)는 자신에 대한 이해를 바탕으로 비전과 목표를 수립하며, 이에 대한 과제를 발견하고, 자신의 일정을 수립하고 조정하여 (　　　)를 수행하고, 이를 반성하여 피드백하는 과정으로 이루어진다.

7 자기개발 설계전략 중 적절하지 않은 것은?

① 보통 장기목표는 1~3년 정도의 목표를 의미한다.

② 장기목표는 자신의 욕구, 가치, 흥미, 적성 및 기대를 고려한다.

③ 다른 사람과의 관계를 발전시키는 것도 하나의 자기개발목표가 될 수 있다.

④ 현재 직무를 담당하는 데 필요한 능력과 자신의 수준, 적성 등을 고려한다.

8 다음은 삼성경제연구소에서 제시한 사랑받는 브랜드가 되기 위한 요건이다. 다음 중 빈칸 (A)에 들어갈 요건으로 다른 사람과의 관계를 돈독히 유지 가능하도록 하는 것은 무엇인가?

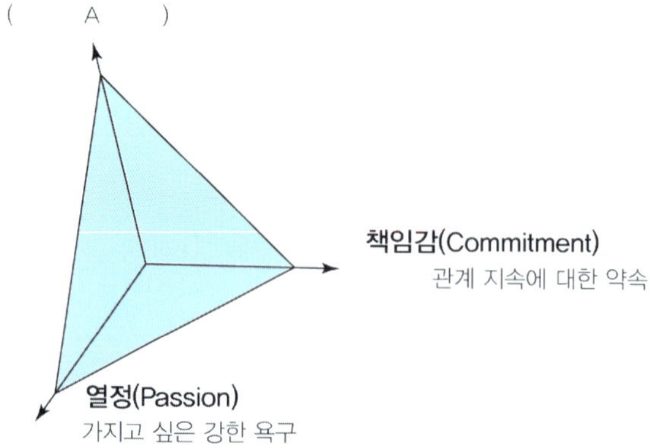

9 자기 브랜드를 PR 할 수 있는 방법 중 다음이 설명하는 것은 무엇인가?

- 웹을 기반으로 하여 사람들이 기존의 인맥관계를 강화시키거나 새로운 인맥을 만들 수 있는 서비스를 말하며 간단히 SNS라고 부른다.
- 수천만의 고유한 서비스 사용자를 모을 수 있는 이것이 제공되면서 비즈니스와 각종 정보를 위한 생산적 용도로 활용되고 있다.
- 자신의 실무지식과 업무 경험, 성과물 등을 직접적으로 다른 사람들과 연결할 수 있다.
- 한국에서는 트위터, 페이스북, 미투데이, 링크 나우, 요즘 등이 많이 사용된다.

10 다음 중 올바른 자아인식을 통해 가지고 올 수 있는 효과 중 빈칸(A)에 들어갈 적절한 용어를 적어보자.

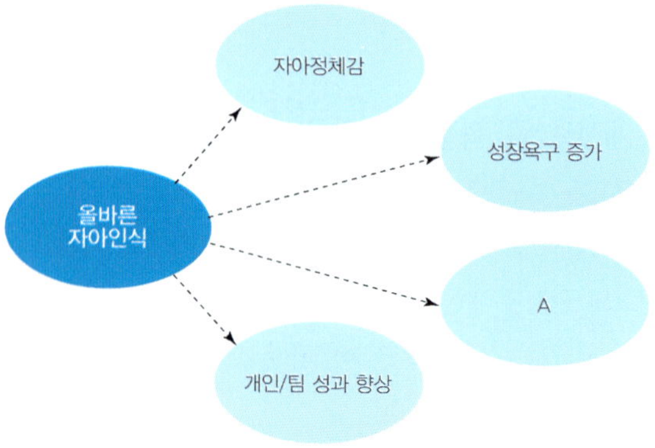

11 다음이 설명하는 이것은 무엇인가?

> 이것은 자기 자신, 나를 일컫는 말이다. 또한 스스로의 자신의 존재를 인식하고, 타인과 자기 외부에 대해서 판단하고 행동하는 독립체라고 할 수 있다. 이것을 구성하는 요소는 학자마다 다르게 분류하고 있는데, 이는 이것은 환경이나 교육에 따라 변화하기도 하며, 여러 차원의 복잡한 구조를 가지고 있기 때문이다. 대표적으로 자신의 내면과 외면으로 나누어 구분해볼 수 있다.

12 자신을 인식하는 방법으로는 세 가지가 있다. 다음 중 내가 아는 나와 빈칸 (A)와 (B)를 통해 아는 방법이 있다. (A)와 (B)는 무엇인가?

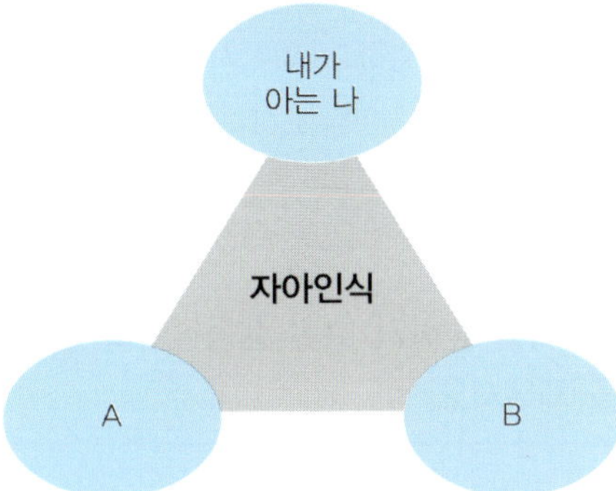

13 흥미와 적성을 개발할 수 있다. 이 중 마인드컨트롤에 대하여 설명해보자.

14 성찰과 관련된 다음의 설명 중 옳지 않은 것은?

① 성찰을 하면 현재의 부족한 부분을 알 수 있다.
② 성찰을 하더라도 한 번 한 실수는 반복적으로 하게 되므로, 처음에 실수를 하지 않는 것이 중요하다.
③ 성찰로 신뢰감을 형성할 수 있다.
④ 성찰은 지속적으로 연습해야 몸에 익혀진다.

15 다음은 자기관리가 이루어지는 단계를 나타낸 것이다. 2단계와 5단계에 들어갈 내용을 각각 작성하여 보자.

1. 비전 및 목적 정립	→	2. A	→	3. 일정 수립	→	4. 수 행	→	5. B

16 인내심과 긍정적인 마인드에 대한 설명으로 올바른 것은?

① 인내심을 가진 사람은 감정적으로 보인다.

② 자신의 목표 변화는 때에 따라 인내심을 키우는 데 도움이 된다.

③ 인내심을 키우기 위해서는 다양하고 다른 시각으로 상황을 분석한다.

④ 과거에 받았던 상처나 고민을 담아두고 자책한다.

17 다음은 업무수행 성과를 높이기 위한 행동전략과 관계된 설명이다. 무엇에 대한 설명인지 괄호 안을 채우시오.

> (　　　　　　　)은 당기순이익을 자기자본으로 나누어 구하는 것으로, 개인의 업무수행에서도 이를 높이기 위하여 자신의 생활을 전략적으로 기획하고 정해진 목표를 달성하기 위한 가장 효과적인 방법을 찾는다.

18 업무수행 성과를 높이기 위한 방법으로 적절하지 않은 것은?

① 일을 미루지 않고 가장 중요한 일을 먼저 처리한다.

② 비슷한 업무를 묶어서 처리한다.

③ 회사와 팀의 업무지침을 참고하지만 성과를 위해 자신의 주관대로 수행한다.

④ 직장에서 일을 잘한다고 평가받는 사람을 찾아서 롤 모델로 설정한다.

19 다음은 합리적인 의사결정과정에 대한 그림이다. 다음 중 3단계와 5단계, 7단계에서 이루어져야 될 활동 (A), (B), (C)를 순대로 작성해보시오.

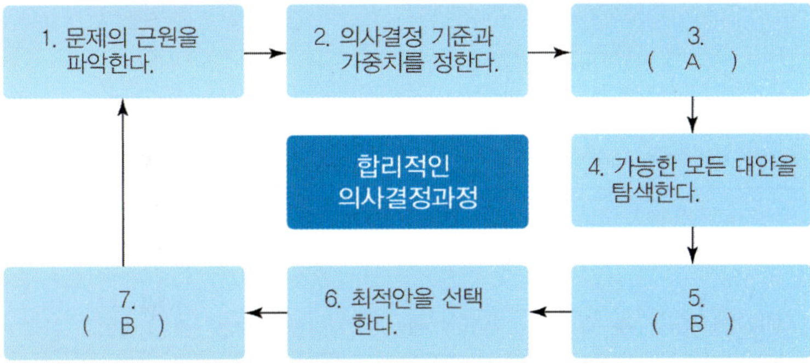

20 다음은 경력개발에 대한 설명이다. (A)와 (B)에 각각 들어갈 적절한 용어를 적어보자.

> 경력개발은 자신과 상황을 인식하고 경력 관련 목표를 설정하여 그 목표를 달성하기 위한 과정인 (A)과, 이에 따라서 경력 계획을 준비하고 실행하며 피드백하는 (B)로 이루어진다.

(A) = ______________, (B) = ______________

21 사람이 일반적으로 평생 동안 다음과 같은 경력단계를 거친다. 다음 중 빈칸 (가)와 (나)에 순서대로 들어갈 단계로 적절한 것은?

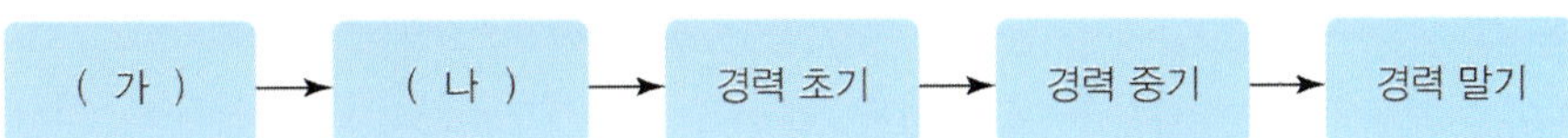

① (가)직업상담, (나)직업선택 ② (가)직업선택, (나)조직입사
③ (가)조직입사, (나)직업선택 ④ (가)직업선택, (나)경력준비

22 경력개발 계획을 수립하고 실행하는 단계의 올바른 순서는 무엇인가?

실행 및 평가
경력개발 전략 수립
자신과 환경이해
경력목표 설정
직무정보 탐색

① 직무정보 탐색 ➔ 자신과 환경이해 ➔ 경력개발전략 수립 ➔ 경력목표 설정 ➔ 실행 및 평가
② 자신과 환경이해 ➔ 직무정보 탐색 ➔ 경력목표 설정 ➔ 경력개발전략 수립 ➔ 실행 및 평가
③ 직무정보 탐색 ➔ 자신과 환경이해 ➔ 경력목표 설정 ➔ 경력개발전략 수립 ➔ 실행 및 평가
④ 자신과 환경이해 ➔ 직무정보 탐색 ➔ 경력개발전략 수립 ➔ 경력목표 설정 ➔ 실행 및 평가

참고문헌

김양호(2003). 자기계발을 위한 135작전. 비전코리아.

김유진(역)(2005). 자아도취형 리더가 성공한다. 예지출판.

김종철(1998). 이젠, 자기혁명이다. 한언.

김진모, 정철영, 나승일(2002). 재직근로자를 대상으로 한 자기개발 프로그램. 우성정보대학.

김흥국(2000). 경력개발의 이론과 실제. 다산출판사.

머니투데이(2014. 12. 16.). 추천하고 싶은 자기개발 분야.

미즈노 남보쿠, 권세진역(2006). 운명을 바꾸는 절제의 성공학, 바람.

박양근(2004). 경력개발과 취업전략. 무역경영사.

박장호 외(2003). 직업윤리와 자기개발. 교육과학사.

버크 헤지스(2000). 내 안의 주식회사(김소연 역). 미디어 K.

손원재(역)(2002). 최고의 직장생활을 하는 법. 주변인의길.

스티븐코비, 김경섭·김원석옮김(1996). 성공하는 사람들의 7가지 습관. 김영사.

신병철(2004). 개인 브랜드 성공전략. 살림.

안상헌(2005). 생산적인 삶을 위한 자기발전노트 50. 북포스.

양영철(역)(2004). 당신의 꿈을 실현해 줄 성공의 9단계. 삼양미디어.

엘지경제연구원(2005). 2010 대한민국 트렌드. 한국경제신문.

예병일(2004). 성공 자기경영을 위한 101가지 비타민. 플루토북.

이데일라이프(2015. 6. 17.). 릴라킹. 개인 브랜드.

이상윤(1998). 적성테스트와 직업 찾기. 세인.

이영희 외(2016). NCS기반 취업전략. 정민사.

이영희 외(2010). 자기주도형 인성과 경력개발. 한국전문대학교육협의회.

이원우(2001). 신인사관리론. 삼영사.

장석민(2011). 행복과 성공을 만드는 삶의 지혜. 발해그후.

장지오노(2005). 나무를 심은 사람(김경온 역). 두레.

정철영 외(2005). 대학생을 위한 직업지도 프로그램 CDP-C 직업공합, 중앙고용정보원.

중견사원훈련교재(1999). 한국산업훈련협회.

커뮤니티 메타(역)(2001). 자기관리 성공노트. 중앙경제평론사.

탁진국(역)(2002). 경력개발 및 관리. 시그마프레스.

트렌드모니터(2015). 자기개발관련 인식조사.

한국산업경영연구원(2001). 자기개발 및 행동혁신.

한국산업인력공단(2008). NCS 직업기초능력 프로그램 학습자용 워크북.

한국산업인력공단(2008). NCS 직업기초능력 프로그램 교수자용 워크북.

한국생산성본부(역)(1994). 20대의 자기개발.

홍성욱(2003). 자유롭게 일하는 아빠. 에듀포넷.

홍성욱(2008). 최고들의 7가지 자기관리법. 한언.

홍성욱(2013). 땡큐 드러커. 한국생산성본부.

휴넷(2015). 리더의 자기개발법.

학습평가 정답 및 해설

제1부 자기개발능력

• CHAPTER 01 현대사회와 자기개발

1 정답: (A)=강점, (B)=약점, (C)= 발전목표

해설: 자기개발은 자신의 능력, 적성 및 특성 등에 있어서 강점과 약점을 찾고 확인하여 강점을 강화시키고 약점을 관리하여 성장을 위한 기회로 활용하는 것이며, 직업기초능력으로서 자기개발능력은 자신에 대한 객관적 이해를 기초로 발전목표를 스스로 수립하고 자신의 관리를 통하여 성취해나가는 능력을 의미함

2 정답: X, X, O, O, X

해설: 자기개발은 개인적인 과정으로 사람들은 자기개발을 통해 지향하는 바와 선호하는 방법 등이 모두 다르다. 또한 자기개발은 평생에 걸쳐서 이루어지는 과정이며, 직장인의 자기개발은 일과 관련하여 이루어지는 활동이다. 자기개발은 어떤 특정한 프로그램에 참가하는 것도 한 방법이 될 수 있지만 이것보다도 생활 가운데 이루어지는 것이 중요하며, 자기개발은 모든 사람이 해야 하는 특징을 가진다.

3 정답: 업무성과

해설: 직장생활에서의 자기개발은 효과적으로 업무를 처리하기 위하여, 즉 업무의 성과를 향상시키기 위하여 이루어진다.

• CHAPTER 02 자기개발방법과 방해요소

1 정답: 자기관리

해설: 자기개발은 자신이 어떤 특성을 가지고 있는지 이해하는 자아인식, 자신의 특성과 상황에 따라 자신의 행동 및 업무수행을 관리하고 조정하는 자기관리, 평생 동안 일과 관련된 경험을 계획하고 관리하는 경력개발로 이루어진다.

2 정답:

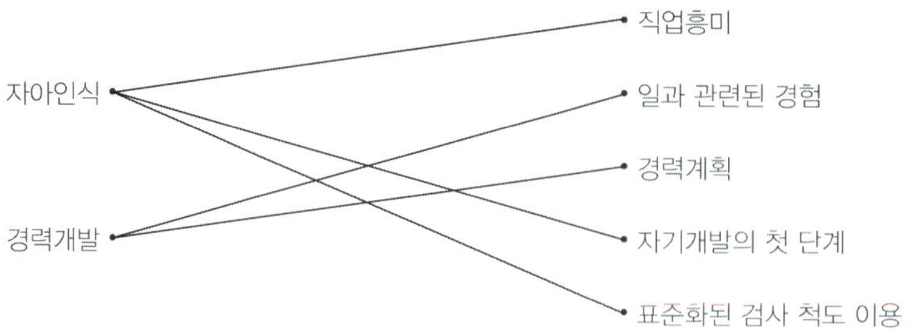

해설: 자아인식은 자신의 직업흥미, 적성, 장단점을 분석하고 인식하는 것이며 자기개발의 첫 단계가 된다. 자아를 인식하는 방법으로는 스스로를 돌아보거나, 다른 사람과의 대화를 통해서 또는 표준화된 검사 척도를 이용하는 방법이 있다. 경력개발은 일과 관련된 경험인 경력을 계획하고 관리하는 것이다.

3 정답: 자기관리

해설: 자기관리란 자신을 이해하고 목표를 성취하기 위하여 자신의 행동 및 업무수행을 관리하고 조정하는 것이다.

4 정답: 존경의 욕구, 안정의 욕구

해설: 매슬로는 인간의 욕구를 그림과 같이 생리적 욕구, 안정의 욕구, 사회적 욕구, 존경의 욕구, 자기실현의 욕구 5단계로 제안하고, 다른 하위 욕구가 충족되지 않으면 자기실현의 욕구가 발현되지 않는다고 하였다.

5 정답:
- 자기실현에 대한 욕구보다 다른 욕구가 더 강해서: 귀찮아서, 다른 사람하고 친분을 유지하는 활동들이 더 중요하기 때문에, 건강이 안 좋아서 등
- 제한적으로 사고하여: 자신에게 필요하지 않은 자기개발활동에 참여하거나, 자신에게 필요한 자기개발활동인데도 필요성을 깨닫지 못하는 경우
- 문화적인 장애: 가정, 사회, 직장 등 외부적인 다른 요인 때문에
- 자기개발방법을 잘 몰라서

• CHAPTER 03 자기개발 수립

1 정답: 장단기목표를 수립한다, 인간관계를 고려한다, 현재의 직무를 고려한다, 구체적인 방법으로 계획한다.

해설: 자기개발 계획을 수립하는 데에는 장단기목표를 모두 세워야 하며, 장기목표는 5~20년, 단기목표는 1~3년 동안의 목표를 의미한다. 자기개발 계획을 수립할 때에는 자신의 인간관계를 고려하여야 하며, 자기개발방법은 구체적일수록 좋다.

2 정답: 문제에 제시된 모든 사항들을 고려하여야 한다.

해설: 자기개발 계획을 수립하는 데에는 자신과 관련된 모든 사항을 고려할수록 좋으므로 자신의 내재적인 특징이나 목표, 외재적인 환경 등을 모두 고려한다.

3 정답: ③

해설: ① 단기목표는 장기목표를 수립하기 위한 기본단계가 된다.

② 장단기목표 모두 구체적으로 계획하는 것이 바람직하나, 장기목표의 경우 때에 따라서 매우 구체적인 방법을 계획하는 것이 어렵거나 바람직하지 않을 수 있다.

④ 자기개발 계획을 수립할 때에는 현재의 직무와 관련하여 계획을 수립하여야 한다.

4 정답: 책임감

5 정답: 본문에서 제시된 방법으로는 블로그를 이용하거나, 인적 네트워크를 활용하는 방법, 자신만의 명함을 만들거나, 경력 포트폴리오를 작성하는 방법이 있었으나, 이는 일례이고 보다 다양한 방법이 있을 수 있다.

제2부 자아인식능력

• CHAPTER 04 자아인식의 이해

1 정답: ③

해설: 자아인식능력의 효과라는 것은 직장에서의 자신에 대한 요구를 파악하고 다양한 방법으로 자신의 강점과 약점, 흥미, 적성, 특징 등을 종합적으로 분석하여 자신을 이해하고 자신의 가치를 찾는 것이다.

2 정답: ②

해설: 외면적 자아는 겉으로만 보여지는 만들어진 것으로 내면적 자아의 총체라고 할 순 없다.

3 정답: 개방된 창

4 정답: 표준화검사

• CHAPTER 05 일과 관련된 나의 특성파악

1 정답: ③

해설: 흥미와 적성을 개발하기 위해서는 기업의 문화와 풍토를 고려하여야 한다.

2 정답: ①

해설: 부정적인 자기암시도 효과가 있다. 암시는 그 사람의 머릿속에서 그림을 그리게 되는데, 부정적인 암시는 부정적인 사고와 행동을 일으킨다.

3 정답: 마인드 컨트롤

해설: 흥미와 적성을 개발할 수 있는 한 방법으로 마인트 컨트롤에 대한 설명이다.

4 정답: (A)=흥미, (B)=적성

• CHAPTER 06 경험의 반성적 성찰

1 정답: O, X, X, O

해설: 성찰을 통해 현재의 부족한 부분이 무엇인지를 발견하며 이를 개선하여 과거에 했었던 실수를 다시 반복하지 않도록 도와주고, 업무수행능력을 향상시켜 준다. 이와 같은 성찰은 지속적인 연습을 통하여 보다 더 잘 할 수 있게 되므로 매일 정해진 시간 동안 자신이 했던 일 중에 잘했던 일과 잘못했던 일을 돌아보는 시간을 가지는 것이 중요하다.

2 정답: ②

해설: 묵상의 방법도 나쁘진 않겠지만 성찰은 종이에 작성함으로써 좀 더 체계적이고 창의적인 아이디어가 확장이 되고 근거가 남도록 한다.

3 정답: 성찰과 관련된 질문의 예는 다음과 같다.

-지금 일이 잘 진행되거나 그렇지 않은 이유는 무엇인가?

-이 상태를 변화시키거나 혹은 유지하기 위하여 해야 하는 일은 무엇인가?

-나는 이번 일에서 다르게 수행했다면 더 좋은 성과를 냈을 일은 무엇인가?

4 정답: ③

해설: 자신감과 자신의 계획 및 목표를 성공적으로 이루기 위해서는 먼저 해야 할 일과 나중에 해야 할 일을 구분하는 것이 더 효과적이다.

• CHAPTER 07 자기관의 목적과 단계

1 정답: ②

해설: 자기관리의 목적은 첫째, 미래에 책임을 지기 위해서이다. 둘째, 자신의 가능성을 최대한 발휘하기 위함이다. 셋째, 자기 자신에 대한 존중감을 갖기 위함이다. 넷째, 경쟁에서 이기기 위함이다.

2 정답: (1) 목표 (2) 책임 (3) 신뢰

해설: 자기관리의 목적인 성공적 인생을 살기 위해서는 그 본질을 이해하는 것이 필요하다. 자기관리의 본질은 목표, 책임, 신뢰이다.

3 정답: ④

해설: 자기관리는 자신의 비전과 목표를 정립하고, 자신의 역할 및 능력을 분석하여 과제를 발견하며, 이에 따른 일정을 수립하여 시행하는 절차로 이루어진다. 이렇게 시행된 결과는 지속적인 자기관리를 위하여 반성하고 피드백한다.

• CHAPTER 08 자기관리를 위한 방법

1 정답: ③

해설: 아무리 해도 성과가 오르지 않는 부분인 약점에 시간과 노력을 투입해서는 안 된다. 드러난 약점에 관련해서는 강점을 가지고 있는 사람을 통해서 전체 성과를 만들어 가야 한다.

2 정답: 1단계: 시간 기록

2단계: 시간관리

3단계: 시간 통합

3 정답: ③

해설: 성과를 올리는 사람은 그 일이 요구하는 시간을 알고 있기 때문에 실제로 필요한 시간 이상으로 여유 있게 일정을 잡는다. 만일 시간이 남으면 완료된 업무 결과의 질을 높이는 데 시간을 쓴다.

4 정답: Ⅱ. 전달하기

• CHAPTER 09 자기관리를 위한 태도

1 정답: ③

해설: 성공한 사람 가운데 부정적인 사람은 없다. 왜냐하면 긍정적인 상태가 성공의 일부분이기 때문이다.

2 정답: ③ 컵에 우유가 반이 남아 있다.

해설: 긍정적 사고를 위해서는 객관적 사실 인식을 바탕으로 긍정적 사고를 선택해야 한다.

3 정답: ○

해설: 감정은 관리할 수 없는 대상이다. 왜냐하면 감정은 자연적으로 생겨나는 것이기 때문이다. 감정관리란 감정이 생기는 상황을 인식하고 주도적 반응을 선택하는 행동이다.

4 정답: (1) stop, (2) think, (3) choose

해설: 감정을 관리하는 사람은 어떤 상황에서 감정이 생겼을 때 일단 즉시 반응하지 않고 잠시 멈춘다(Stop). 그러고 나서 자신이 어떻게 행동하는 것이 스스로에게 좋을지에 대해 생각한다(Think). 그리고 자신의 행동을 선택한다(choose). 반면에 감정을 관리하지 못하는 사람은 감정이 생겼을 때 멈춤 없이 즉각 반응한다.

5 정답: (2) 가족, (4) 건강

해설: 성공적인 삶의 기본 요소는 5F, 즉 일(finance), 가족(family), 건강(fitness), 친구(friend), 그리고 정신(faith)이다.

제4부 경력개발능력

• CHAPTER 10 경력개발과 경력개발단계

1 정답: (A) 경력계획, (B) 경력관리

해설: 경력개발은 자신과 자신의 환경이 처한 상황을 인식하고 분석하여 경력관련 목표를 설정하는 과정으로써 「경력계획」과, 이 경력계획을 수립하고 실행하고, 평가・피드백하는 「경력관리」로 이루어진다.

2 정답:

환경변화	• 지식 정보의 빠른 변화 • 인력난 심화 • 삶의 질 추구 • 중견사원의 이직 증가
조직 요구	• 경영전략 변화 • 승진의 적체 • 직무환경 변화 • 능력주의 문화
개인 요구	• 발달단계에 따른 가치관, 신념 변화 • 전문성 축적 및 성장 요구 증가 • 개인의 고용시장 가치 증대

해설: 경력개발능력이 필요한 이유는 환경 변화, 조직 요구, 개인 요구의 관점에서 살펴볼 수 있다. 개인차원의 요구는 발달단계에 따른 가치관 혹은 신념 변화, 전문성 축적 및 성장 요구 증가, 개인의 고용시장 가치 증대 등이 있다. 이러한 요인 외에도 학습자에 따라 다른 요구를 제시할 수 있다.

3 정답: 조직입사

해설: 사람이 평생동안 거치는 경력단계는 직업선택, 조직입사, 경력초기, 경력중기, 경력말기로 구분된다. 성인 초기에 직업을 선택하고, 조직에 입사하여 경력초기의 과정을 거치며, 성인 중기에 경력중기 또는 경력말기의 과정을, 성인 말기에 경력중기 또는 경력말기의 직업생활을 유지하고 퇴직을 준비하는 과정을 거친다.

• CHAPTER 11 경력개발 계획

1 정답: ② 자신과 환경 이해, ④ 경력개발 전략 수립

해설: 경력개발 계획을 수립하는 단계는 직무정보 탐색→자신과 환경 이해→경력목표 설정→경력개발 전략 수립→실행 및 평가의 5단계로 구분된다.

2 정답: 자기인식 관련 워크숍 참여, 평가기관의 전문가 면담, 표준화된 검사, 일기 등을 통한 성찰과정

해설: 경력개발은 자기 자신과 환경의 상호작용을 통해 이루어지며, 이는 직무만족, 근속연한, 경력성공에 지대한 영향을 미치므로 자신과 환경에 대한 적극적인 탐색은 매우 중요하다.

3 정답: 회사의 연간보고서, 특정직무와 직업에 대한 설명자료, 전직 및 경력 상담 회사 및 기관 방문, 주변 지인과 대화, 직업 관련 홈페이지 탐색

해설: 경력개발은 자기 자신과 환경의 상호작용을 통해 이루어지며, 이는 직무만족, 근속연한, 경력성공에 지대한 영향을 미치므로 자신과 환경에 대한 적극적인 탐색은 매우 중요하다.

• CHAPTER 12 대학생의 경력개발

1 정답: 외국어능력, 자격증, 공모전, 동아리활동, 봉사활동, 인턴십, 워킹홀리데이 등

해설: 대학생의 경력개발은 졸업 후 취업문제를 해결하기 위해 매우 중요하다. 졸업 후 취업 및 진로를 결정하고 이에 필요한 경력개발을 통해 현장에서 바로 써먹을 수 있는 있는 직무수행능력을 배양해야 한다.

2 정답: 위 1번 정답 경력개발 요소들 중에서 3개 선택

해설: 온스펙 경력개발을 위해 꼭 필요한 경력은 자기 자신의 진로목표에 따라 다르게 선택된다.

3 정답 :

평생학습사회	지식과 정보가 폭발적으로 증가함에 따라 개인의 학습능력과 자기개발이 더욱 중요시 됨
투잡스	두개 혹은 그 이상의 직업을 동시에 가지는 것
투잡스	주 5일제의 확산에 따라 더욱 증가
청년실업	2016년 9.8%로 200년 이후 최고치
4차산업혁명	사물인터넷과 인공지능을 기반으로 사이버 세계와 물리적 세계가 네트워크로 연결되는 통합체계

해설: 우리나라는 최근 청년실업의 증가하고 앞으로도 저성장 경제 기조가 지속될 것으로 예상됨에 따라 고용이 불안정하여 평생에 걸쳐 경력개발을 해야 하는 시대가 되었다. 이에 따라 경력개발과 관련된 최근 이슈와 트랜드를 정확히 파악하고 자신의 경력계획을 설계하고 준비하는 것이 매우 중요하다.

총괄평가 정답 및 해설

1 정답: ②

해설: 자기개발은 자신의 능력, 적성 및 특성 있어서 강점과 약점을 찾아 강점을 강화시키고 약점을 관리하여 성장을 위한 기회로 활용하는 것임. 이렇게 직업기초능력으로서 자기개발능력은 자신에 대한 객관적 이해를 기초로 발전 목표를 스스로 수립하고 자신의 관리를 통하여 성취해나가는 능력을 의미함

2 정답: ②

해설: 자기개발의 특징은 첫째, 자기개발의 주체는 타인이 아니라 자기 자신이라는 점, 둘째, 자기개발은 개별적인 과정으로써 자기개발을 통해 지향하는 바와 선호하는 방법 등이 사람마다 다르다는 점, 셋째, 평생에 걸쳐서 이루어지는 과정이며, 넷째, 일과 관련하여 이루어지는 활동으로써. 다섯째, 생활 가운데 이루어져야 하며, 여섯째, 모든 사람이 해야 하는 것임

3 정답: ③

해설: 자기개발은 첫째, 직장생활에서 효과적으로 업무를 처리하기 위하여, 둘째, 변화하는 환경에 적응하기 위해서, 셋째, 주변 사람들과 긍정적인 인간관계를 형성하기 위해서, 넷째, 자신이 달성하고자 하는 목표를 성취하기 위해서, 그리고 다섯째, 개인적으로 보람된 삶을 살기 위해서 자기개발이 필요함

4 정답: 자아인식

해설: 직업인은 직장생활에서 자신의 능력 및 적성을 파악하고, 그에 적합한 자신의 목표를 수립하고 통제하며, 성취해 나가는 역량을 개발해야 함. 자기개발은 자기인식, 자기관리, 경력개발로 이루어짐

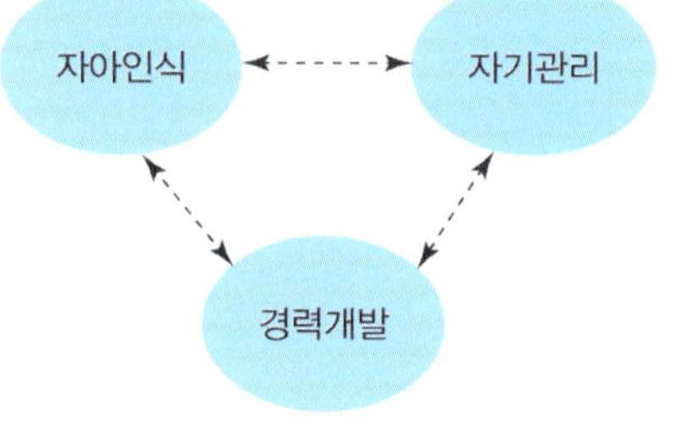

5 정답: 경력

해설: 경력은 일생에 걸쳐서 지속적으로 이루어지는 일과 관련된 경험이며, 경력개발은 개인의 경력목표와 전략을 수립하고 실행하며 피드백하는 과정임. 경력개발은 자신과 상황을 인식하고 경력관련 목표를 설정하여 그 목표를 달성하기 위한 과정으로 경력계획과, 경력계획을 준비하고 실행하며 피드백 하는 경력관리로 이루어짐

6 정답: 자기관리

해설: 자기관리란, 자신을 이해하고 목표를 성취하기 위하여 자신의 행동 및 업무수행을 관리하고 조정하는 것임. 자기관리는 자신에 대한 이해를 바탕으로 비전과 목표를 수립하며, 이에 대한 과제를 발견하고, 자신의 일정을 수립하고 조정하여 자기관리를 수행하고, 이를 반성하여 피드백 하는 과정으로 이루어짐

7 정답: ①

해설: 자기개발 목표를 성취하기 위해서는 첫째, 장단기 목표를 수립해야 함. 장단기를 구분하는 기준은 개인에 따라 중요한 생애전환기(결혼, 취직, 이직 등)를 기준으로 바뀔 수도 있으나, 보통 장기목표는 5년~20년 뒤를 설계하며, 단기목표는 1~3년 정도의 목표를 의미함. 둘째, 인간관계를 고려해야 함. 우리는 다양한 인간관계를 맺고 살아가기 때문에 자기개발 계획을 수립하여 실행하기 위해서 고려해야 함. 셋째, 현재의 직무를 고려해야 함. 즉, 현 직무를 담당하는데 필요한 능력과 이에 대한 자신의 수준, 개발해야 할 능력, 관련된 적성 등을 고려해야 함. 넷째, 구체적인 방법을 고려하여 계획해야 함. 자신이 수행해야 할 방법을 명확하고 구체적으로 수립할 때 노력을 집중하고 효율화할 수 있으며, 진행과정도 손쉽게 파악할 수 있음

8 정답: 친근감(편안하고 친숙한 느낌)

해설: 사랑받는 브랜드의 조건을 안다면 이에 따라 자신을 차별적으로 브랜드화하기 위한 전략을 수립할 수 있음. 삼성경제연구소는 이러한 요건으로 친근감, 열정, 책임감을 제시하였음

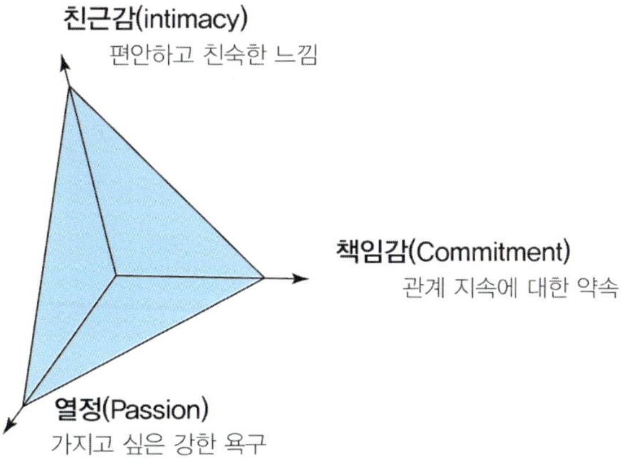

9 정답: 소셜 네트워크

해설: 자기개발을 통해서 능력을 신장시키고 다른 사람과 차별성을 가지더라도 이에 대한 PR을 하지 않으면 다른 사람들은 나의 브랜드를 알지 못 할 수 있음. 최근 개인뿐 아니라 기업도 트위터, 페이스북, 미투데이 등 SNS를 통해 사람들에게 친숙하고 직접적으로 다가갈 수 있는 수단을 활용하고 있음. 수천만의 고유한 서비스 사용자를 모을 수 있는 SNS들이 제공되면서 비즈니스와 각종 정보를 위한 생산적 용도로 활용되고 있음. 소셜 네트워크는 자신의 실무지식과 업무 경험, 성과물 등을 직접적으로 연결할 수 있으며, 형식의 제약 없이 자유롭게 자신을 표현할 수 있음. 별도의 비용이나 전문적인 기술 없이 이용할 수 있어 편리한 장점을 갖고 있음

10 정답: 자기개발방법 결정

해설: 나를 안다는 것은 자신의 가치, 신념, 상정, 태도 등을 아는 것을 넘어서 이것들이 자신의 행동에 어떻게 영향을 미치는가를 아는 개념임. 직업인으로서 자신이 원하는 직업을 갖고 그 일을 효과적으로 수행하기 위해서는 장기간에 걸친 치밀한 준비와 노력이 필요하며, 자신을 분명하게 아는 것이 선행되어야 이러한 준비와 노력이 적절히 이루어질 수 있음. 자기를 지각하고 그 지각된 내용을 체계화시킴으로써 자신을 존중하고 자신을 가치 있다고 여기는 동시에 자신의 한계를 인식하고 이를 더 보완해야 되겠다는 욕구를 가질 수 있도록 해줌. 자아인식 노력은 자아정체감을 확인시켜 주며 동시에 자기개발의 토대가 됨

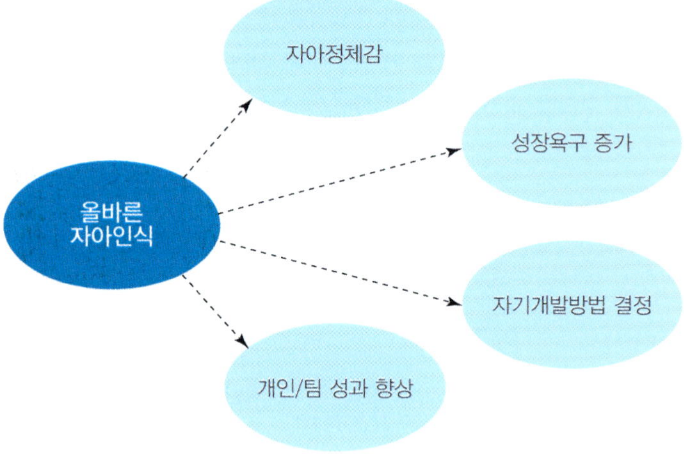

11 정답: 자아

해설: 자아는 자기 자신, 나를 일컫는 말임. 스스로 자신의 존재를 인식하고 타인과 자기 외부에 대해서 판단하고 행동하는 독립체라고 할 수 있음. 자아를 구성하는 요소는 학자마다 다르게 분류하고 있는데, 이는 자아가 환경이나 교육에 따라 변화하기도 하며, 여러 차원의 복잡한 구조를 가지고 있기 때문임. 자아를 내면적 자아와 외면적 자아로 구분할 수 있음

구분	내용
내면적 자아	• 자신의 내면을 구성하는 요소 • 측정하기 어려운 특징을 가짐 • 적성, 흥미, 성격, 가치관 등
외면적 자아	• 자신의 외면을 구성하는 요소 • 외모, 나이 등

12 정답: A-타인과의 커뮤니케이션, B-표준화검사도구

해설: 자신을 인식하는 방법은 자신이 자기 자신을 살펴보고, 타인과의 커뮤니케이션, 표준화된 검사 등을 활용할 수 있음

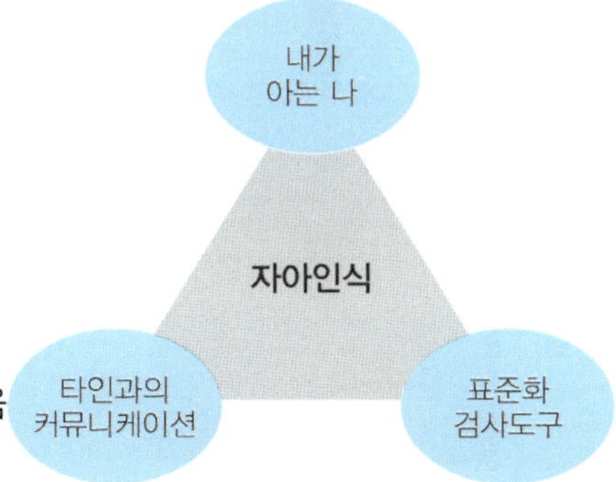

13 정답: 마인드컨트롤을 통해 자신을 의식적으로 관리하는 방법을 깨닫게 되면 문제 상황을 해결할 수 있게 됨. 자기마음의 관리는 학습능력 향상, 잠재능력 개발, 집중력 향상, 발표력 향상 및 다양한 심리치료에 효과적으로 적용되고 있음

14 정답: ②

해설: 성찰을 하는 이유는 일을 하는데 필요한 노하우를 축적하고, 지속적인 성장의 기회를 제공하며, 신뢰감 형성의 원천을 제공하고, 창의적인 사고 능력 개발 기회를 제공하기때문임. 성찰을 연습하는 방법으로는 성찰노트 작성, 끊임없이 질문하기 등이 있음

15 정답: A- 과제 발견, B- 반성 및 피드백

해설: 자기관리는 자신을 이해하고, 목표를 성취하기 위해 자신의 행동 및 업무수행을 관리하고 조정하는 것이며, 자기관리능력은 이러한 자기관리를 잘 할 수 있는 능력을 의미함. 자기관리는 자신의 비전과 목표를 정립하고, 자신의 역할 및 능력을 분석하여 과제를 발견하며, 이에 따른 일정을 수립하여 시행하는 절차로 이루어짐

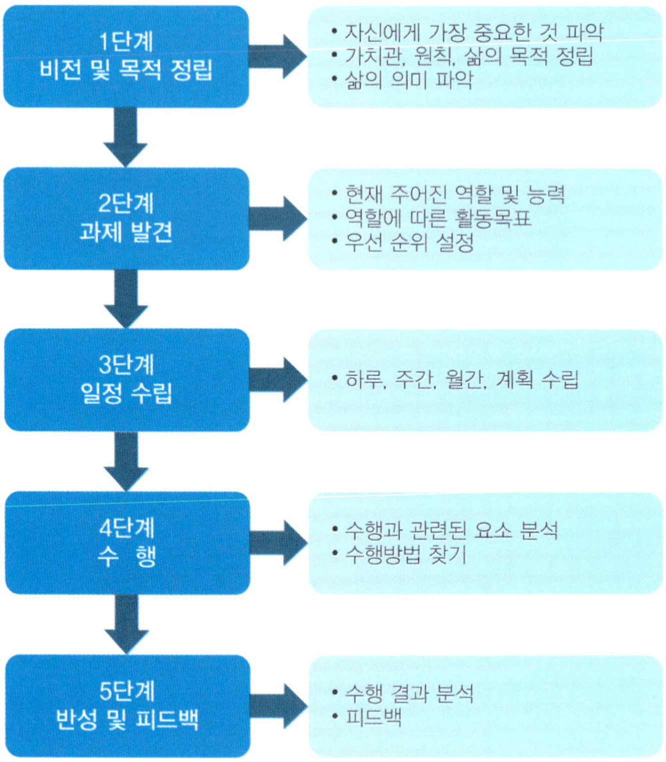

16 정답: ③

해설: 어떠한 심리적 태도를 가지느냐는 그 사람의 성패를 좌우하며, 인내심을 키우고 긍정적인 마인드를 가진다면 그 성공은 조금 더 가까운 곳에 있을 것임. 당장 손해 보는 것 같더라도, 참고 인내하면 더 큰 결실을 보게 됨. 인내심을 가지지 못하고 화를 내거나 일을 자꾸 변경하는 사람은 객관적이기 보다 감정적인 사람으로 보이고, 신뢰감을 주지 못함. 인내심을 기르기 위하여 첫째, 자신의 목표를 분명히 해야 하고, 둘째, 새로운 시각으로 상황을 분석해야 함. 한편, 긍정적인 마음을 가지기 위하여 먼저, 자신을 긍정해야 함. 자신의 능력과 가치를 신뢰하고 있는 그대로의 자신을 받아들여 건강한 자아상을 확립하고 과거에 받았던 상처나 고민을 털어버리고 타인을

원망하는 마음을 가지지 않도록 노력해야 함. 또한 고난이나 역경을 통하여 자신이 성장할 수 있다는 가능성을 믿고, 어려움 속에서 자신을 개발하는 방법을 터득해야 함

17 정답: 자기자본이익

해설: 자기자본이익률은 경영자가 기업에 투자된 주주의 자본을 사용해 어느 정도 이익을 올리고 있는가를 나타내는 지표이며, 이는 기업의 당기순이익을 자기자본으로 나눠 구함. 마찬가지로 개인의 업무수행에서도 자기자본 이익률을 높이기 위하여 자신의 생활을 전략적으로 기획하고 정한 시간 내에 목표를 달성하기 위하여 어떻게 하는 것이 가장 효과적인지를 고려해야 함

18 정답: ③

해설: 업무수행 성과를 높이기 위하여 자기자본이익률(ROE)을 높여야 함. 일을 미루지 않고, 업무를 묶어서 처리하고, 다른 사람과 다른 방식으로 일하고, 회사와 팀의 업무 지침을 따라야 함. 그리고 역할 모델을 설정해야 함

19 정답: A-의사결정에 필요한 정보를 수집한다.

B-각 대안을 분석 및 평가한다.

C-의사결정 결과를 평가하고 피드백한다.

해설: 합리적인 의사결정과정은 다음과 같음

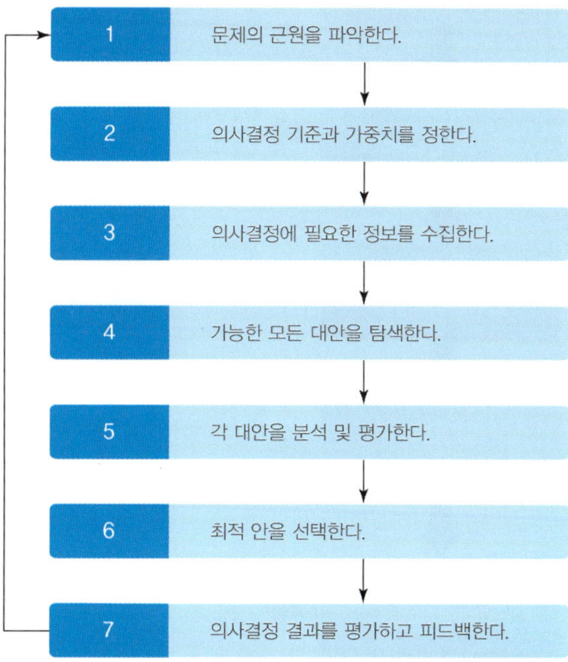

20 정답: A-경력 계획, B-경력관리

해설: 경력개발은 자신과 자신의 환경 상황을 인식하고 분석하여 합당한 경력 관련 목표를 설정하는 과정으로써 경력계획과, 경력계획을 준비하고 실행하며 피드백 하는 경력관리로 이루어짐. 경력관리는 규칙적으로 지속적으로 이루어져야 함. 잘못된 정보나 이에 대한 이해가 부족하여 경력 목표를 잘못 설정하는 경우가 있으므로 계속적이고 적극적인 경력관리를 통해 이를 수정해나가야 하며, 환경이나 조직의 변화에 따라 새로운 미션을 수립하고 새로운 경력이동 경로를 만들어나갈 필요가 있음

21 정답: ②

해설: 경력단계는 직업선택, 조직입사, 경력 초기, 경력 중기, 경력 말기로 나누어 볼 수 있음

직업선택 → 조직입사 → 경력 초기 → 경력 중기 → 경력 말기

22 정답: ③

해설: 경력개발은 경력을 탐색하고, 자신에게 적합한 경력목표를 설정하며, 이에 따른 전략을 수립해서 실행하고, 평가하여 관리하는 단계로 이루어짐

단계	내용
1단계 직무정보 탐색	• 관심 직무에서 요구하는 능력 • 고용이나 승진 전망 • 직무만족도 등
2단계 자신과 환경이해	• 자신의 능력, 흥미, 적성, 가치관 • 직무 관련 환경의 기회와 장애요인
3단계 경력목표 설정	• 장기목표 수립 : 5~7년 • 단기목표 수립 : 2~3년
4단계 경력개발전략 수립	• 현재 직무의 성공적 수행 • 역량 강화 • 인적 네트워크 강화
5단계 실행 및 평가	• 실행 • 경력목표, 전략의 수정

찾아보기

저/자/소/개

■ **김종표**(金鍾杓, jp153@bu.ac.kr)

연세대학교 및 한양대학교 대학원 졸업(교육학박사)
교수법 · 교육과정개발 · HRD & NCS 컨설턴트
한국평생교육HRD연구원 원장
한국산업교육학회, 한국HRD협회 고문

〈주요 저서 및 경력〉

NCS 기반 교수법(양서원)
인적자원개발론(양서원), NCS 자기개발능력(양성원)
명강의실전교수법(양서원), 평생교육방법론(양서원)
백석대학교 사범학부교수, 교육대학원장,평생교육원장
한국평생교육총연합회 회장, 국가평생교육진흥원이사

■ **이복희**(李福姬, borkhee@bscu.ac.kr)

충북대학교 및 명지대학교 대학원 졸업(교육학박사)
교수법 · 교육과정개발 · NCS 컨설턴트
백석문화대학교 유아교육학과 교수, 평생교육HRD 연구소 소장

〈주요 저서 및 경력〉

NCS기반 교수법(양서원), 명강의 실전교수법(양서원)
청소년지도방법론(학지사), NCS 자기개발능력(양성원)
NCS기반과정개발 및 신자격설계 개발(평생교육)
간행물윤리위원(문화체육관광부)

■ **이영희**(李永熙, ynghl@naver.com)

성균관대학교 및 경희대학교 대학원 졸업(경영학박사)
마케팅 · CS 컨설턴트
한국평생교육HRD연구원 부원장

〈주요 저서 및 경력〉

NCS 기반 교수법(양서원)
NCS 기반 취업전략(정민사), NCS 자기개발능력(양성원)
대인관계능력(산업인력공단), 서비스경영(유원북스)
최신 서비스마케팅(두남), 마케팅관리(두남) 등
백석문화대학교 광고마케팅학부 교수

■ **홍성욱**(洪性郁)(oetc21@naver.com)

한양대학교 및 백석대학교 대학원 졸업(교육학박사)
HRD & NCS 컨설턴트
동서울대학교 교육센터 교수, 교육혁신지원센터장

〈주요 저서 및 경력〉

NCS기반 교수법(양서원), 땡큐! 드러커(한생미디어)
최고들의 7가지 자기관리법(한언), NCS 자기개발능력(양성원)
한국생산성본부 선임연구원, 열린교육공학센터 대표

직업기초능력

자기개발

1판 1쇄 인쇄 — 2020년 2월 26일
1판 1쇄 발행 — 2020년 3월 2일

편 저 자 - 김종표 · 이복희 · 이영희 · 홍성욱
발 행 인 - 강철원
발 행 처 - 양성원
주 소 - 경기도 파주시 검산로 173번길 29-20
전 화 - 031-946-3861(代)
팩 스 - 031-946-3864
이 메 일 - tnwpub@naver.com
홈페이지 - tnwpub.co.kr
출판등록 - 2015년 8월 31일 제 2015-000211 호

ISBN 979-11-6126-268-0

정가 16,000원